よくわかる 未払い残業代 請求のキホン

弁護士 友弘克幸 著

労働調査会

はじめに

　本書は主に、「未払いの残業代を取り戻したい」と考えている方、「自分の残業代は正しく支払われているのだろうか？」と疑問を感じながら働いている方に読んでいただくために書いた本です。

　使用者が法律で定められた残業代を支払わないこと（未払い残業）は、労基法に違反する「犯罪」であって、本来、決して許されることではありません。

　そもそも、未払い残業とは、いわば労働者が「ただ働き」を強いられているということです。したがって、未払い残業の蔓延は長時間労働の温床ともなり、ひいては、過労死や過労による精神疾患など、より重大な被害にもつながりかねない大問題なのです。

　ところが、「サービス残業」という言葉に象徴されるように、日本では、多くの人は未払い残業について「よくあること」という程度の認識で、あまりにも軽く扱われているように感じます。

　では、どうして日本では、このように未払い残業が蔓延しているのでしょうか。

　言うまでもなく、その理由の一つは、企業が労働基準法などの法律を守ろうとしないからです。筆者の経験でも、未払いの残業代を従業員から請求された経営者の中には、「残業代なんか法律どおりに支払っていたら、会社が立ちゆかない」などと平気で発言する人もいるのが現実です。残念ながら、労基法違反を取り締まる労働基準監督官の数も、海外に比べてかなり少ないという事情もあります。

　しかし、筆者は、これだけ未払い残業が広がっている理由は、もう一つあると考えています。それは、未払い残業があっても、働き手が残業代を請求しないで泣き寝入りしているケースが多い、ということです。

　働く人の多くが「未払い残業」に対して泣き寝入りをせず、当たり前のこととして残業代を請求する権利を行使するようになれば、「残業すれば、残業代を支払ってもらうのは当たり前」「残業させれば、残業代を支払うのは当たり前」というのが、日本社会の「常識」

i

になるはずです。

　ところが、日本では、経営者向けに「どうすれば残業代を支払わなくて済むか」といったことを指南する書籍は多くあるのに、なぜか、働く人々向けに「残業代とは何か」「残業代を請求するにはどうすれば良いか」といったことを分かりやすく解説した書籍はほとんど刊行されていません。筆者はつねづね、これは大変残念なことだと感じていました。

　そんな折、「働く人々向けに、残業代のことを分かりやすく解説した書籍を執筆してみませんか」というお声かけをいただいたというわけです。

　本書の構成は次の通りです。

　第1章で、「そもそも残業代とは何か」という基本的な知識を解説しています。

　第2章では、月給制の場合の、残業代の計算方法について解説します。

　第3章では、「管理監督者」など、実際の請求の場面で問題になることの多い問題について解説しています。

　第4章では、実際に残業代を請求するためには証拠として何をそろえれば良いか、どこに相談に行けば良いか、「裁判」と「労働審判」はどう違うのか、といった具体的な手続きについて説明しました。

　第5章では、「労働時間」にあたるかどうかが問題となるケースについて解説しました。

　本書は、労働調査会の飯塚陽氏の「働く人たちのために役に立つ本を一緒に作りませんか？」というお声かけから生まれました。筆者の遅筆にも根気強くおつきあいいただき、何とか完成にこぎ着けることができました。心から感謝しています。

　また、本書のために親しみやすく、素敵なイラストを描いてくださったおさしみ氏にも、この場をお借りして御礼を申し上げます。

2018年3月吉日

弁護士　友弘克幸

第1章
「残業代」って何ですか？

1−0　プロローグ ……………………………………………… 2
1−1　「残業代」には4種類ある！ ……………………… 4
　　1.「残業代」って何？ ………………………………………… 6
　　2.「残業代」には4種類の「賃金」が含まれる ……………… 6
1−2　深夜に働くと発生する「割増賃金」って
　　　何ですか？ ……………………………………………… 9
　　1. 深夜労働が禁止される場合 ………………………………… 13
　　2. 深夜に働いた時の割増賃金制度 …………………………… 13
　　3. たとえば時給1,000円の人が深夜に働いた場合 ………… 14
1−3　休みの日に働いたらお給料はどうなるの？
　　　〜法定休日労働〜 …………………………………… 16
　　1. 法定休日とは ………………………………………………… 20
　　2. 法定休日は、「○月○日」がまるまる休みでなけれ
　　　 ばならない！ ………………………………………………… 21
　　3. 休みの日に働いた場合の割増賃金 ………………………… 22
　　4. 法定休日労働が深夜に及んだ場合の割増賃金 …………… 23
1−4　時間外労働
　　　〜「1日8時間」&「週40時間」を超えて働いた場合〜 …… 24
　　1. 世界の労働時間上限規制の歴史 …………………………… 31
　　2. 日本の労働時間規制 ………………………………………… 32
　　3. 8時間を超えて働いた時の割増賃金 ……………………… 33
　　4. 時間外労働の数え方 ………………………………………… 34
　　5. 時間外労働が月60時間を超えた場合—企業規模で
　　　 異なる割増率— …………………………………………… 35
1−5　深夜労働、法定休日労働、時間外労働の関係 … 39
　　1. 時間外労働と法定休日労働の関係 ………………………… 40
　　2. 時間外労働・法定休日労働が深夜に及んだ場合 ………… 41
1−6　「法内残業」と残業代 ……………………………… 43

iii

１．所定労働時間と実労働時間 ……………………………… 47

２．法内残業とは？ ……………………………………………… 47

３．法内残業に対する賃金（残業代）の額は？ ………… 48

コラム 「司法修習生」 50

第2章
「時間単価」について知ろう！

２−１　月給制の残業代の計算方法
〜自分の"時間単価"を知ろう〜 …………………… 54

１．月平均所定労働時間 ……………………………………… 62

２．月平均所定労働時間と時間単価の求め方 …………… 62

３．最低賃金との関係 ………………………………………… 63

４．所定労働時間が法定の上限を超える場合 …………… 64

２−２　「除外賃金」とは？ …………………………………… 67

１．「除外賃金」とは ………………………………………… 70

２．「家族手当」など ………………………………………… 70

３．「臨時に支払われた賃金」 ……………………………… 73

４．「１か月を超える期間ごとに支払われる賃金」 …… 73

５．支給基準がよく分からない場合はどうすればいい？ … 74

２−３　歩合給がある場合の割増賃金の計算方法 …… 78

１．出来高払い制とは ………………………………………… 79

２．具体的な計算 ……………………………………………… 79

３．補足（法定休日労働があった場合） ………………… 81

コラム 「求人詐欺」 83

第3章
残業代についてのよくある誤解

３−１　「残業代が出ない」という労働契約?? ………… 86

iv

1. 「残業代は支払わない」という合意に法的効力はない ⋯⋯ 88

2. 「基本給に残業代を含む」合意とは？ ⋯⋯⋯⋯⋯⋯⋯⋯⋯ 88

3. 残業代とそれ以外が明確に区分できなければならない（明確区分性の要件） ⋯⋯⋯⋯⋯⋯⋯⋯⋯⋯⋯⋯⋯⋯⋯⋯ 89

4. 「不足額があれば清算する」という合意・実態があったか？ ⋯⋯⋯⋯⋯⋯⋯⋯⋯⋯⋯⋯⋯⋯⋯⋯⋯⋯⋯⋯⋯⋯⋯ 90

5. 「時間外手当」分の金額が大きすぎないか？ ⋯⋯⋯⋯⋯⋯ 91

3-2 「○○手当」は残業代？ **93**

1. 固定残業代制度とは？ ⋯⋯⋯⋯⋯⋯⋯⋯⋯⋯⋯⋯⋯⋯⋯ 95

2. 「固定残業代」が紛争の原因になる理由 ⋯⋯⋯⋯⋯⋯⋯ 96

3. 「○○手当」は固定残業代か否か？　どちらになるかで大違い！ ⋯⋯⋯⋯⋯⋯⋯⋯⋯⋯⋯⋯⋯⋯⋯⋯⋯⋯⋯ 96

4. 疑問を感じたら専門家に相談を！ ⋯⋯⋯⋯⋯⋯⋯⋯⋯⋯ 98

5. 「○○手当」が固定残業代か否か、どのように判断される？（参考） ⋯⋯⋯⋯⋯⋯⋯⋯⋯⋯⋯⋯⋯⋯⋯⋯⋯⋯ 98

3-3 管理職には残業代が出ない？ **101**

1. 管理監督者とは ⋯⋯⋯⋯⋯⋯⋯⋯⋯⋯⋯⋯⋯⋯⋯⋯⋯ 103

2. 「管理職＝管理監督者」ではない！ ⋯⋯⋯⋯⋯⋯⋯⋯⋯ 103

3. 「管理監督者」といえるためには厳しい要件がある ⋯⋯ 104

3-4 年俸制だから残業代は出ない？ **106**

1. 年俸制とは？ ⋯⋯⋯⋯⋯⋯⋯⋯⋯⋯⋯⋯⋯⋯⋯⋯⋯⋯ 108

2. 年俸制の場合の残業代の計算 ⋯⋯⋯⋯⋯⋯⋯⋯⋯⋯⋯⋯ 108

3. 「賞与」らしく見える金額の取り扱いには注意が必要 ⋯⋯ 108

4. 「年俸には残業代が含まれている」と主張されたら？ ⋯⋯ 110

3-5 みなし労働時間制① （事業場外みなし労働時間制） **111**

1. 「みなし労働時間制」とは ⋯⋯⋯⋯⋯⋯⋯⋯⋯⋯⋯⋯⋯ 113

2. みなし労働時間制には２種類ある ⋯⋯⋯⋯⋯⋯⋯⋯⋯⋯ 113

3. 事業場外労働についての「みなし労働時間制」とは？ ⋯⋯ 114

3-6 みなし労働時間制②（裁量労働制） **117**

1. 裁量労働制とは ⋯⋯⋯⋯⋯⋯⋯⋯⋯⋯⋯⋯⋯⋯⋯⋯⋯ 118

2. 裁量労働制の問題点 ⋯⋯⋯⋯⋯⋯⋯⋯⋯⋯⋯⋯⋯⋯⋯⋯ 119

3．専門業務型裁量労働制とは？ ……………………… 120
4．企画業務型裁量労働制とは？ ……………………… 124
5．まとめ ……………………………………………… 126

コラム 「サービス残業」 128

第4章
残業代の請求方法について知ろう！

4-1 「残業代」はいつまで請求できるの？
～残業代請求の時効～ ……………………………… **130**
1．残業代の「時効」 …………………………………… 134
2．「催告」をして権利が消えることを防ごう ……… 135
3．「催告」は期間限定、しかも1回きりしか使えない …… 135
4．具体例 ……………………………………………… 136
5．「催告」の方法～「内容証明郵便」で行う～ …… 136
6．できるだけ早く専門家に相談を！ ……………… 137
7．「残業代を請求するのは仕事を辞めた後でいいや」
　　と考えている方へ ……………………………… 138

4-2 「証拠」を集めよう！ **140**
1．なぜ「証拠」が必要なのか？ …………………… 142
2．何が証拠になるの？ ……………………………… 143
3．実労働時間に関する「証拠」以外に、請求にあたっ
　　て用意しておくべきもの ……………………… 146

4-3 「裁判」と「労働審判」はどっちがおトク？ **148**
1．弁護士への相談 …………………………………… 150
2．弁護士への委任 …………………………………… 151
3．請求から解決まで（示談で解決する場合） …… 151
4．労働審判・訴訟 …………………………………… 153

4-4 労基署ってどうなの？ **158**
1．労働基準監督署とは ……………………………… 160
2．労働基準監督官の権限は大きい ………………… 160

3．労基署への「申告」 ································· 161

　4．残業代不払いを労基署に申告するとどうなるか？ ······· 161

　5．労基署への申告では時効は中断しない！ ············· 162

コラム 　残業代請求の時効が5年になる？？？　163

第5章
これは労働時間になりますか？

5-1　これは「労働時間」にあたる？あたらない？ ············· **166**

　1．労基法上の労働時間とは ························· 168

　2．労働時間かどうかは、客観的に判断される ··········· 169

　3．「労働者が使用者の指揮命令下に置かれている」とは？ ·································· 170

　4．着替えなどの準備にかかる時間の扱い ·············· 172

5-2　手待ち時間 ······························· **174**

　1．「休憩時間」とは？ ·························· 175

　2．「手待ち時間」とは？ ·························· 175

　3．「休憩時間」と「手待ち時間」の区別は？ ············· 176

5-3　仮眠時間 ······························· **178**

　1．仮眠時間とは ····························· 180

　2．不活動仮眠時間を「労働時間にあたる」と判断した最高裁判決 ···························· 180

　3．一人で勤務している場合 ····················· 182

　4．複数人で勤務している場合 ···················· 182

コラム 　「働き方改革」と「残業代ゼロ」　184

さいごに ···· 186

vii

登場人物紹介

T先生(弁護士)

労働問題に詳しく、数多くの事件を解決してきた弁護士。気さくな性格で相談にも親身になって耳を傾ける。趣味は囲碁と将棋のテレビ中継を見ること。

佐藤　のぞみ(司法修習生)

T先生の事務所にやってきた司法修習生(弁護士のたまご)。以前勤めていた会社で残業代が支払われなかったことから労働問題に興味を持つ。

渡辺　充子(事務員)

T先生の法律事務所で働く事務員。1日の8時間を労働に、もう8時間を休息に、最後の8時間を自分の時間として有効に過ごす。

この本では以下のように法令の名称を省略して表記しています。
　　　労働基準法………………労基法
　　　労働契約法………………労契法
　　　労働基準法施行規則……労基則

第1章
「残業代」って何ですか?

第1章 「残業代」って何ですか?

1-0 プロローグ

――ある日のこと、T弁護士の事務所に、K弁護士から一本の電話がかかってきた。T弁護士とK弁護士とは、同じ年に司法修習を受けた「同期」の友人である。

やあ、久しぶり。元気?

相変わらず忙しいけど、元気だよ。どうしたの?

実は、うちの事務所で今、司法修習生*を一人預かっているんだけど、労働事件を勉強したいって言うんだ。

へえ、労働事件を勉強したい、か。どんな人なの?

1年間の会社勤めをしたあと、退職して法科大学院（ロースクール）に通って、司法試験に合格したっていう女性なんだけどね。労働事件、特に残業代請求について興味があるらしい。良かったら、Tのところで何日間か研修させてやってもらえないかな?

いいよ。そういうことなら、うちで残業代請求のイロハから教えてあげよう。任せとけ。
（なるほど、そういうことか。そういえば、Kは知的財産権やら何やらの事件が専門で、労働事件はほとん

ど扱っていないって言ってたな。それにしても、残業代請求事件に興味があるなんて、嬉しいことを言ってくれるじゃないか……)

そう言ってくれると思ったよ。ありがとう。それじゃあまたね。

渡辺さん、今度うちの事務所に司法修習生が来ることになったよ。

本当ですか!?

労働事件について勉強したいんだって。

わあ！　これから楽しくなりますね！

*司法修習生とは、司法試験に合格したあと、裁判官・検察官・弁護士になるために研修を受けている人たちで、いってみれば「法律家のタマゴ」のこと（第1章のコラムを参照）。

第1章 「残業代」って何ですか？

1-1 「残業代」には4種類ある！

おはようございます、T先生！　今日からお世話になります佐藤のぞみです。よろしくお願いします！

弁護士のTです。こちらこそよろしく。ところで、佐藤さんは、どうして残業代請求事件に興味を持ったの？

私、司法試験を受ける前に1年間だけ会社勤めをしていたんですけど、その時にちょっと疑問に思っていたことがあって……

どんなこと？

社員のみんなは毎日のように夜遅くまで、時には日付が変わるまで働いてたんですけど、月々のお給料は基本給だけで残業代が出ませんでした。ひどい時には休日出勤もあったんですけど、やっぱり何ももらえないんです。
それで一度思い切って「うちの会社、残業代ってどうなってるんですか？」って社長に尋ねたんですけど、「うちみたいな中小企業で残業代払ってるところなんてないよ」と言われて、うやむやにされてしまったんです。
そんなことがあって、もし弁護士になれたら、残業代

4

をもらえずに苦労している人たちの力になりたいと思っているんです！

なるほど、それは頼もしい。それじゃあ、さっそく説明していくよ！
まずは「残業代とはそもそも何か」という話をしよう。
佐藤さんは仕事をしていてどんな時に「残業代が出ないのはおかしい！」と思ったのかな？

そうですね、会社の定時が午前9時から午後5時までだったんですけど、上司の命令とかで午後5時以降に残業した時とか、休日出勤を指示された時に「なんで残業代がでないの？」と思いました。

なるほど。「残業代」というとそういうイメージだね。
ただ、法律的にいえば、一般に「残業代」と呼ばれているものには次の4種類のものが含まれているんだ。
　①深夜労働に対する割増賃金
　②法定休日労働に対する割増賃金
　③時間外労働に対する割増賃金
　④法内残業に対する賃金

4種類もあるんですか？
なんとなく「残業すれば残業代がもらえるはず」というイメージでしたけど。

詳しい内容はこれからひとつずつ説明していくよ。

第1章 「残業代」って何ですか？

1.「残業代」って何？

　この本を読んでいるあなたは、おそらく、「自分は、会社から残業代をきちんと支払ってもらえていないのではないか？」と疑問を感じているか、「会社に残業代をきちんと支払ってもらいたい！」と思っておられることでしょう。

　でも、そもそも「残業代」とは何でしょうか？

　それを正確に理解していただくのが、第1章のテーマです。

2.「残業代」には4種類の「賃金」が含まれる

　「残業代」という言葉は、一般社会では広く用いられています。

　ところが、労働者と会社（使用者）との間の関係についてのルールを定めている「労働基準法」や「労働契約法」といった法律に、「賃金」「給料」「手当」といった言葉は出てくるのですが、「残業代」という言葉は出てきません。

　ためしに、政府が運営している「法令データ検索システム」※を使って調べてみましたが、「残業代」という言葉が出てくる法律は一つもないようです。

※総務省「電子政府の総合窓口（e-gov）」http://elaws.e-gov.go.jp/search/elawsSearch/elaws_search/lsg0100/

| 1-1 | 「残業代」には4種類ある！

実は、一般に「残業代」という言葉は、4種類の「賃金」を含んだ総称として用いられているのです。

全体像を示しておくと、次の表のようになりますが、詳しくは第1章−2以降で、一つずつ説明してゆきます。

	「残業代」が発生する場合	法律上の根拠	割増率	本書での説明箇所
深夜労働に対する割増賃金	深夜労働（午後10時〜午前5時）をしたとき	労基法37条4項	25％以上	1章−2（9ページ）
法定休日労働に対する割増賃金	法定休日（週1日）をしたとき	労基法37条1項	35％以上	1章−3（16ページ）
時間外労働に対する割増賃金	時間外労働（1日8時間、週40時間を超えた労働）をしたとき	労基法37条1項	25％以上（月60時間超は50％以上）	1章−4（24ページ）
法内残業に対する賃金	所定労働時間を超えた労働をしたとき	労働契約	通常賃金と同じ	1章−6（43ページ）

※深夜労働、法定休日労働、時間外労働の関係については本章−5（39ページ）で説明します。

第1章 「残業代」って何ですか?

- 一般に「残業代」と呼ばれているものには、次の4種類の「賃金」が含まれる。

    ①深夜労働に対する割増賃金

    ②法定休日労働に対する割増賃金

    ③時間外労働に対する割増賃金

    ④法内残業に対する賃金

1-2 深夜に働くと発生する「割増賃金」って何ですか？

（事務所に駆け込んできて）…先生おはようございます！

おはよう、佐藤さん。あれ？ 今朝はずいぶんギリギリですねえ。

す、すみません。実は、昨晩は大学時代の友達と久しぶりに会ってお酒を飲んだり、カラオケしたり……。

青春だな〜！
ところで、「深夜」って、労基法では何時以降のことをいうか知ってる？

え？ 決まってるんですか？

決まってるんです。**午後10時以降は「深夜」**。

じゃあ、午後10時から放送してる「報○ステーション」は「深夜」番組ですか？？

ハハハ。夜のテレビ番組のことはよく知らないけど、「労働基準法」的には、そうなるね。そしてその**「深夜」が終わるのは、翌朝の午前5時**なんだ。

第1章 「残業代」って何ですか？

朝5時で終わりなんですか？ 真冬だったら、朝は6時過ぎてもまだ暗いですよ。私の感覚だと、6時頃までは「深夜」でも良いと思いますけど。

でも、「めざ○しテレビ」は冬場でも、朝5時過ぎからやってるよ。

……先生、朝の番組には詳しいんですね。

私くらいの年齢になると、朝早く目が覚めるようになるんです！

労基法では、「深夜」は午後10時〜午前5時ってことですね。ところで、「深夜」の意味と労基法は、どう関係するんですか？

佐藤さんは、「深夜」に働いたことある？

ありますよ。
大学時代に、24時間営業のファミレスでバイトしてました。

深夜に働くって、やっぱりキツいでしょ？

そうですね〜。やっぱり生活リズムが狂っちゃうし、同じ5時間働くのでも、昼間のシフトで5時間働くのより、はるかにしんどかった記憶があります。

10

| 1-2 | 深夜に働くと発生する「割増賃金」って何ですか？

それそれ。労基法は、働く人を守るための法律でしょ？ だから、そういう「キツい」深夜労働については、労働者を保護するためにいくつかの規定を置いてるんだ。
たとえば、満18歳未満の労働者を午後10時〜午前5時に働かせることは、原則として禁止されている[1]。

そういえば、ファミレスでも高校生は夜のシフトには入れられてなかったですね。

そのほか、妊娠中の女性や産後1年を経過しない女性についても、本人からの請求があった場合には、深夜に働かせてはいけない[2]。

なるほど〜。でも、逆にいうと、満18歳以上の男性や、妊娠してない18歳以上の女性については、深夜労働をさせても構わないってことですよね？

そうだね。深夜労働をさせること自体は、禁止されているわけではないよ。

でも、深夜労働はやっぱり「キツイ」ですよ？

そうだよね。だから、労基法では、「**深夜労働をさせる場合には、普通の時間帯よりも高い給料を支払いなさい**」っていうルールにしてあるんだ。

どれくらい高いんですか？

第1章 「残業代」って何ですか？

普通の時間帯より、**25％増し以上にしなさい**、というルール。

あ、そういえばこんなものがあるよ（ガサゴソ……）。

これは新聞に折り込みで入ってた求人広告。

深夜労働に対する給料については、これを見ると、分かりやすいと思って（**図表1**）。

図表1　　　　**食品ディスカウントストア**

「○○ストア」新大阪店　パート・アルバイト大募集!!!
未経験歓迎！お仕事＆時間帯イロイロ♪
仕事　レジ・品出し・軽作業
資格　日祝勤務できる方歓迎！　土日のみ勤務など相談OK。
　　　WワークOK！　年齢経験不問、学生さん歓迎！
　　　※22：00以降は18歳以上
勤務時間・給与
　①22：00〜翌5：00　時給1,250円（深夜割増手当を含む）
　② 5：00〜10：00　時給1,000円
　③ 9：00〜14：00　時給1,000円
　④13：00〜18：00　時給1,000円
　⑤17：00〜22：00　時給1,000円

あ、ほんとだ！　**午後10時から午前5時のシフトだけ、時給が高い！**

そう。深夜だけ、25％アップにしてあるんだ。

（1）労基法61条1項
（2）労基法66条3項

| 1-2 | 深夜に働くと発生する「割増賃金」って何ですか？

1．深夜労働が禁止される場合

　労基法は、労働者を午後10時～翌朝5時に労働させることについて、以下のように、いくつかの規制を置いています。これは深夜労働は労働者への負担が大きいためです。

・使用者は、満18才に満たない者を午後10時～午前5時までの間に労働させてはならない（労基法61条）。

　※ただし、交替制勤務の場合や、農林水産業など一部の業種については例外があります。

・使用者は、妊娠中の女性や産後1年を経過しない女性が請求した場合においては、その女性を午後10時～午前5時の間に労働させてはならない（労基法66条3項）。

2．深夜に働いた時の割増賃金制度

　上で述べたような「深夜労働が禁止される場合」にあたるケースを除けば、深夜労働をさせること自体は禁止されていません。実際に病院や介護施設、警備会社などでは、深夜に働いている人は多くいます。そのような人々がいなければ、現代社会を維持できないのも事実でしょう。

　しかし、男性や妊娠・出産していない女性にとっても、「深夜労働」が肉体的、あるいは精神的に負担の大きい仕事であることは変わりません。

第1章 「残業代」って何ですか?

そこで、労基法では、使用者が労働者に深夜労働をさせる場合、**昼間の賃金と比べて25%以上の率で「割り増し」した賃金を支払わなければならない**、と定めています。これが「割増賃金（わりましちんぎん）」と呼ばれるものです。※

深夜労働そのものは禁止せず、「割増賃金」の支払いを義務づけることによって、労働者側の負担にむくいるとともに、使用者に対しては、できるだけ不要な深夜労働をさせないような動機付けを与えようとしているのです。

※なお、労基法では「賃金」という用語を使うのですが（労基法11条）、サラリーマンの方には「給料」という言葉のほうが、耳になじんでいるかもしれません。「賃金」でも「給料」でも、ここでは同じ意味と理解していただいて構いません。

3. たとえば時給1,000円の人が深夜に働いた場合

深夜労働に対する割増賃金は、「通常の労働時間の賃金の計算額の2割5分以上の率で計算」すると定められています（労基法37条4項）。「通常の労働時間の賃金」というのは、普通の時間帯、つまり「深夜でない時間帯」の賃金のことと考えてください。

たとえば、**「深夜でない時間帯」に時給1,000円を支払っているのであれば、「深夜」には時給1,250円以上を支払わなければならない**、ということになります（月給制の場合の計算方法についてはまた別の項目で説明しますが、基礎となる考え方は同じです）。

14

| 1-2 | 深夜に働くと発生する「割増賃金」って何ですか？

- 労基法では、午後10時〜午前5時に働くことを「深夜労働」という。
- 深夜労働は労働者への負担が大きいため、年少者や妊娠した女性など、深夜労働そのものが禁止される場合がある。
- 深夜労働をさせた場合、使用者は、通常の時間帯の賃金よりも25％以上増額した「割増賃金」を支払わなければならない。

第1章 「残業代」って何ですか？

1-3 休みの日に働いたらお給料はどうなるの？ ～法定休日労働～

先生、おはようございます。これ、良かったら召し上がってください。

京都銘菓の「八ッ橋」ですね。ありがとう。京都に行ってきたの？

はい。週末に、友人と2人で遊びに行ってきました。京都に行くのは中学校の修学旅行以来です。

そうか、佐藤さんは東京の出身だったね。

今回の司法修習で初めて関西に来たので、週末を利用して、いろいろ行きたいところがあるんです。大阪のテーマパークや、神戸の異人館にも行ってみたいし。

佐藤さんは活動的だね。

先生は、お休みの日はいつも何をして過ごされてるんですか？

家でゴロゴロしながら、テレビを見てるなあ。囲碁とか将棋の中継とか。

16

| 1-3 | 休みの日に働いたらお給料はどうなるの？ 〜法定休日労働〜

え……なんだか地味ですね。

ほっといてください。私にとっては、それが一番のリフレッシュなんですから。

それにしても、やっぱり毎週きちんと休みがあるって良いことですね。

どうしたんですか、急に？

それが、すごく仕事が忙しい友人がいて、土日に出勤命令が出ることも多いって言ってました。やっぱり、1週間休みなく働くと疲れがすごく溜まるそうです。

労基法では、労働者の休日について、どんな風に決められているか知ってる？

「週休2日制」じゃないんですか？

違うよ。労基法35条1項を見てみよう。何て書いてあるかな？

"使用者は、毎週少なくとも1回の休日を与えなければならない"。……週に1日だけでも構わないんですか？

そう。**労基法上は、休日は1週間（7日）のうちに1回（1日）あれば、それで構わないことになっている**

17

第1章 「残業代」って何ですか?

んだ。

でも、「週休2日制」の会社が多いですよね。

労基法は労働者を保護するための法律だから、あくまで労働条件の「最低ライン」を定めているだけ。「最低ライン」よりも労働者に有利な労働条件を決めることは全く問題ないし、むしろ良いことだ。
ちょっと細かい話になるけど、週休2日制の会社の場合は、2日のうちどちらかが、「労基法で必ず労働者に与えることが義務づけられた休日」ということになる。もう1日のほうは、「会社にとっては義務ではないけれど、追加で与えることにした休日」になるんだ。

「休日」とひと口に言っても、実は2種類あるんですね。

そのとおり。「**労基法で必ず労働者に与えることが義務づけられた週1日の休日**」のことを、「**法定休日(ほうていきゅうじつ)**」と呼ぶんだ。「法定休日」という言葉は、残業代の計算ともすごく関係のあるところだから、しっかり覚えておいてね。

もう1日のほうにも名前があるんですか?

「会社にとっては義務ではないけれど、追加で与えることにした休日」のほうは、「法定外休日(ほうていがいきゅうじつ)」と呼ぶのが普通かな。

| 1-3 | 休みの日に働いたらお給料はどうなるの？ 〜法定休日労働〜

わかりました。ところで、休日に働いたらお給料はどうなるんですか？

たとえば、「当社では、毎週、日曜日を必ず休みにします」って定めている会社があるとするよ。この場合、日曜日が「法定休日」だということになるよね。
その会社の労働者が、ある週の日曜日に出勤を命じられて仕事をしたら、残業代はもらえるだろうか？

当然、もらえるはずだと思います。

そのとおり。問題はその具体的な金額なんだけど、**「通常の労働日の賃金の35％増し」になる。**
たとえば、日曜日（法定休日）以外の日に「1時間あたり1,000円」の賃金（給料）を支払っている会社だったら、日曜日（法定休日）に働かせた時は、少なくとも「1時間あたり1,350円」以上の金額を支払わなければならない。

けっこう高くなるんですね。

せっかくの休日が仕事で台無しにさせられるんだから、それでも安いと思うけど。

楽しみな囲碁と将棋の中継も見られなくなりますしね。

うん。まぁ、そうだね……（笑）

第1章 「残業代」って何ですか?

1. 法定休日とは

労基法では、使用者は労働者に、原則として、**毎週少なくとも1回（1日）の休日を与えなければならない**とされています（労基法35条1項）。**法律で、労働者に必ず与えるべきものと定められている休日**なので、「**法定休日**」と呼びます。

これに対して、法律上の義務ではないけれど、会社が任意に「休日」を定めていることがあります。これを「**法定外休日**」と呼びます。

週休2日制の場合は、2日のうちどちらか1日が「法定休日」で、もう1日が「法定外休日」だということになります。

【ある会社の就業規則の例】
「**休日は日曜日、国民の祝日、年末年始、お盆休み及び会社創立記念日とする**」
→　この場合は、「日曜日」が法定休日と考えて良いでしょう。それ以外は、すべて「法定外休日」です。

(注) 労基法35条2項では、法定休日は「毎週1日」ではなく、「4週間を通じて4日以上」でも良いことになっています（「変形休日制」といいますが、覚える必要はありません）。この条文によれば、極端な例ですが「24日間連続勤務＋4日連続休日」でも良いということになってしまうのです。しかし、この「変形休日制」を適法に導入するためには一定の条件があり、現実にはその条件を満たしている会社はほとんどありません。したがって、この本では基本的に「変形休日制」については取り上げずに話を進めることにします。

| 1-3 | 休みの日に働いたらお給料はどうなるの？ ～法定休日労働～

２．法定休日は、「○月○日」がまるまる休みでなければ ならない！

　休「日」というくらいなので、法定休日は、原則として、「ある日付の午前０時から、翌日の午前０時まで」である必要があります。

　たとえば、「４月１日の午前９時」に仕事が終わり、「４月２日午前９時」から再び働き始めた、という場合、時間の長さだけで見れば「24時間」の休みを取れていますが、これでは「法定休日」を与えたことにはなりません。**カレンダーで見ると、「４月１日も仕事、４月２日も仕事」になってしまうからです。**

3月31日	4月1日	4月2日
仕事・・・ (-_-)	9：00まで仕事・・・ (-_-)	9：00から仕事・・・ (-_-)

　これに対して、極端な例ですが、「４月１日の午前０時（３月31日の午後12時）」に仕事が終わり、「４月２日の午前０時」から再び働き始める、というのであればギリギリOKです。カレンダーでいえば「４月１日」の日付に「赤丸」が付くからです。

3月31日	**4月1日**	4月2日
24時まで仕事・・・ (-_-)	**休み！休み！休み！** (^_^)v	0：00から仕事・・・ (-_-)

（注）ただし、24時間操業（８時間３交替制）の工場（昭和63.3.14基発150号）など一部、例外もあります。

第1章 「残業代」って何ですか？

3. 休みの日に働いた場合の割増賃金

　法定休日は、労働者が仕事からまる1日解放され、心身の休息を得るための大切な日です。

　しかし、実際の仕事の現場では、やむを得ない業務上の必要性があって、使用者（会社）として、どうしても労働者（従業員）に法定休日に仕事をしてもらいたいと考える場面があるかもしれません。

　そこで、労基法では、使用者（会社）はあらかじめ、労働組合や労働者の代表と「36協定」という労使協定を結んでおくことによって、その協定で許された範囲内に限って、法定休日に労働者を働かせても良いということにしているのです（労基法36条）。

　とはいえ、労働者からすれば、大切な法定休日を仕事のために費やすわけですから、それ相応の「対価」をもらわなければ、納得がいかないでしょう。

　そこで、使用者は、**法定休日に労働者を労働させた場合には、通常よりも高く計算した賃金（割増賃金）を支払わなければならない**、と定められているのです。

　具体的には、法定休日に労働した場合、労働者は使用者に対して、通常の賃金よりも**35％以上**の率で「割り増し」した賃金の支払いを求めることができます。

　例として、通常の賃金が「時給1,000円」なのであれば、法定休日労働の場合は「時給1,350円」以上の支払いを求めることができます（なお、月給制の場合の計算方法は別のところで後ほど述べますが、基礎となる考え方は同じです）。

22

| 1-3 | 休みの日に働いたらお給料はどうなるの？ 〜法定休日労働〜

4．法定休日労働が深夜に及んだ場合の割増賃金

　法定休日が深夜に及んだ場合には、割増率は60％以上（35％＋25％）となります。

　たとえば、通常の賃金が1時間あたり1,000円であれば、法定休日労働の賃金は1時間あたり1,350円となり、それが深夜に及んだ場合は、1時間あたり1,600円となります。

- 使用者は労働者に、毎週少なくとも1日の休日を与えなければならない（労基法35条1項）。
- 労基法で必ず与える義務がある休日のことを「法定休日」と呼び、それ以外の休日は「法定外休日」と呼ぶ。
- 法定休日は、原則として、1暦日（「連続した24時間」という意味ではなく、カレンダー上の「1日」）でなければならない。
- 法定休日に労働した場合、労働者は、通常の賃金の「35％増し」以上で計算された賃金（割増賃金）の支払いを求めることができる。

第1章 「残業代」って何ですか？

1-4 時間外労働 〜「1日8時間」&「週40時間」を超えて働いた場合〜

事務の充子さんって、仕事だけじゃなくて、プライベートも充実してるんですね。

そうだね。充子さんは、「8時間を労働に、8時間を休息に、8時間を自由時間に」を実践してる人なんだ。これは今から200年くらい前にイギリスで生まれた考え方で、その頃のイギリスでは、産業革命が起こって工場労働者が増えたんだけど、1日の平均的な労働時間は、10時間から16時間だったそうだよ。

1日16時間も働いていたら、体を壊しそうですね。

生命を維持するためには睡眠と休息のための時間が絶対に必要だけど、人間って単に生命を維持できれば良いわけじゃないよね。「人間らしく生きる」ためには、家族や友人とゆっくり過ごしたり、趣味を楽しんだりする時間も必要でしょ？
だから、24時間を3つに分けて、労働するのは8時間以内に抑えて、残りは休息のための8時間と自分のための8時間に充てよう、という考え方が生まれたんだ。

24時間を3つに分けただけなんですか？
意外と単純なアイデアですね。

| 1-4 | 時間外労働 〜「1日8時間」&「週40時間」を超えて働いた場合〜

そうだね。でもその後、実際に海外では「労働時間は1日8時間まで」というのがグローバル・スタンダード（国際標準）になった。
日本でも1947年に制定された労基法で、"使用者は労働者に1日8時間を超えて労働させてはならない"と定められたんだ。

 だから、1日の労働時間のうち、8時間を超えて働いた分を、「時間外労働」って呼ぶんですね！
ところで、労働時間は週に40時間まで、というのも聞いたことがあるんですけど……。

労基法には、"使用者は労働者を週に40時間を超えて労働させてはならない" という決まりもある。だから、週40時間を超えた部分も「時間外労働」になる。

「1日8時間」と「週40時間」の関係が、イマイチ分かりづらいです。

じゃあ、どういう場合に、「時間外労働」がどれくらい発生するのか、具体例で見てみよう。
ちなみに、これから紹介する例では、社内のルール（就業規則など）で、「毎週日曜日」が法定休日として指定されていると仮定するよ。なお、時間外労働について考えるときも、会社に特別な決まりがない限りは、「1週間は日曜日から始まる」と考えてね。

25

第1章 「残業代」って何ですか?

◆具体例1◆

時間外労働が発生しないケース

曜日	実際に働いた労働時間
日曜日（法定休日）	0時間
月曜日	8時間
火曜日	5時間
水曜日	6時間
木曜日	7時間
金曜日	6時間
土曜日	6時間
合計	38時間

この例では、法定休日（日曜日）を除いた月曜日〜土曜日のどの1日を見ても、実際に働いた時間は8時間以内に収まっている。

それに、月〜土曜日の労働時間を足し算しても合計は38時間となり40時間以内に収まっている。だから、「時間外労働」は発生していない。

| 1-4 | 時間外労働 〜「1日8時間」＆「週40時間」を超えて働いた場合〜

◆具体例2◆
「1日8時間超」の時間外労働だけが発生するケース

曜日	実際に働いた労働時間
日曜日（法定休日）	0時間
月曜日	7時間
火曜日	8時間
水曜日	**10時間**
木曜日	6時間
金曜日	6時間
土曜日	2時間
合計	39時間

このケースでは、月曜日〜土曜日の労働時間を集計すると合計39時間で、「40時間以内」の枠に収まっているね。

ところが、1日おきに見てみると、水曜日は「8時間の制限」を2時間オーバーしている。この2時間は「時間外労働」だ。

27

第1章 「残業代」って何ですか？

◆具体例3◆
「週40時間超」の時間外労働だけが発生するケース

曜日	実際に働いた労働時間
日曜日（法定休日）	0時間
月曜日	7時間
火曜日	8時間
水曜日	7時間
木曜日	8時間
金曜日	7時間
土曜日	8時間
合計	**45時間**

月曜日〜土曜日は、どの日を見ても8時間以内だね。
では「週40時間」の制限のほうはどうかな？
月曜日〜土曜日の労働時間を合計すると……45時間だ。
つまり、5時間のオーバー。
よってこの週の時間外労働は、結局「5時間」ということになるよ。

| 1-4 | 時間外労働 ～「１日８時間」&「週40時間」を超えて働いた場合～

◆具体例４◆

「１日８時間超」と「週40時間超」両方の時間外労働が発生するケース

曜日	実際に働いた労働時間
日曜日（法定休日）	0 時間
月曜日	**9 時間**
火曜日	8 時間
水曜日	**10時間**
木曜日	8 時間
金曜日	8 時間
土曜日	5 時間
合計	**48時間**

最後に、「１日８時間超」と「週40時間超」両方の時間外労働が発生するケースを見てみよう。

まず、１日ずつ、「８時間超」の時間数を確認しよう。月曜は１時間、火曜はゼロ、水曜は２時間、木曜はゼロ、金曜もゼロ、土曜もゼロだから、合計３時間だね。

次に、その「３時間」の部分は除いて、月曜日～土曜日の労働時間を合計してみると、月曜８時間、火曜８時間、水曜８時間、木曜８時間、金曜８時間、土曜５時間。合計で45時間。

つまり「40時間超」の時間外労働は５時間になる。

最後に、「８時間超」の時間外労働（３時間）と、「40時間超」の時間外労働（５時間）を足してみると、８時間になるね。

第1章 「残業代」って何ですか？

★時間外労働のイメージを持ってもらうために、1時間の労働を○や●で表してみます。

曜日	実際に働いた時間	「1日8時間」以内	「1日8時間」超
日曜日（法定休日）	0時間		
月曜日	9時間	①②③④⑤⑥⑦⑧	●
火曜日	8時間	⑨⑩⑪⑫⑬⑭⑮⑯	
水曜日	10時間	⑰⑱⑲⑳㉑㉒㉓㉔	●●
木曜日	8時間	㉕㉖㉗㉘㉙㉚㉛㉜	
金曜日	8時間	㉝㉞㉟㊱㊲㊳㊴㊵	
土曜日	5時間	●●●●●	

●の数が時間外労働の時間数（合計8時間）です。

30

| 1-4 | 時間外労働 ～「1日8時間」&「週40時間」を超えて働いた場合～

1．世界の労働時間上限規制の歴史

　現在の労基法では、"使用者は、1週間の各日については、労働者に、休憩時間を除き**1日について8時間を超えて、労働させてはならない**"と定められています（労基法35条2項）。

　また、それとは別に、"使用者は、労働者に、休憩時間を除き**1週間について40時間を超えて、労働させてはならない**"という制限もあります（労基法35条1項）。

　このうち、「1日8時間」の規制の起源は、19世紀のヨーロッパ（特にイギリス）に遡ります。当時のヨーロッパでは、産業革命の進展によって工場労働者が増えましたが、次第にその劣悪な労働条件が問題視されるようになりました。

　このため、19世紀初頭から、ヨーロッパ各国では、工場労働者の健康を確保するため、「工場法」と呼ばれる法律で労働時間を制限するようになりました。

　しかし、その頃の労働時間規制の理由は、「働き手に体を壊されると、経営者も労働力が不足して困る」という、いわば『経営者目線』の理由によるもので、定められた上限も、おおむね1日に10～12時間という不十分なものでした。

　このため、労働者の間では次第に、「1日のうち8時間は労働に、8時間は休息に、8時間は自由時間に当てよう」という運動が高まってゆきました。

第1章 「残業代」って何ですか？

そして、1886年には、労働者がアメリカのシカゴで「8時間労働制」の実現を求める大規模なデモを行いました。

その後、1919年に設立されたILO（国際労働機関）が、その第1号条約で「工業分野における1日8時間の原則」を宣言し、「8時間労働」はグローバル・スタンダード（国際標準）になったのです。

一方、1週間あたりの労働時間については、1919年のILO第1号条約では「週48時間」とされていました。

その後、1960年代に入って、ヨーロッパでは「週40時間労働制」を求める運動が高まります。ちなみに、その運動のトップを走った西ドイツ（当時）の労働組合運動のスローガンは、「土曜日のパパは僕のもの」だったそうです。

労働者たちは、労働と家庭生活や社会的・文化的生活の調和を目指して、「週休二日制」の実現を目指したのです。

その後も海外では労働時間短縮に向けた運動は続き、現在では、週35時間制を原則としている国もあります（フランスなど）。

2．日本の労働時間規制

日本では、太平洋戦争が終わった直後の1947（昭和22）年に、「労働基準法」が施行され、労働時間について「1日8時間、週48時間」の上限が定められました。

その後、「1日8時間」の上限規制については、現在まで70年以上、変わっていません。

一方で週あたりの労働時間の上限規制については、「週48時間」が1988（昭和63）年には「週46時間」、1991（平成3）年に「週44時間」、1994（平成6）年に「40時間」となり、現在に至って

| 1-4 | 時間外労働 ～「1日8時間」&「週40時間」を超えて働いた場合～

います。

(注) なお、現在、小規模な一部事業所については、特例として「週44時間」とされています。

1日8時間を超えて労働したときや、週40時間を超えて労働したとき、その超えた部分の労働を「時間外労働」と呼びます。

---

3. 8時間を超えて働いた時の割増賃金

労働者に時間外労働をさせた時は、使用者は、通常の賃金に**25％以上の率で割り増しをした賃金（割増賃金）を支払う必要**があります。

たとえば、午前9時から午後6時まで（うち休憩1時間）勤務の人が午後7時まで働いた場合、その1時間分の賃金は25％増しになります。

つまり、通常の賃金が1時間あたり1,000円であれば、時間外労働に対しては1時間あたり1,250円以上を支払う必要があるわけです。

なお、**時間外労働が深夜に及んだ場合には、時間外労働としての「25％増し」に加えて、深夜労働としての「25％増し」も加算され、150％増し**の金額となります。

例　9時～18時まで　　時給1,000円（12時～13時休憩とする）
　　18時～22時まで　　時給1,250円（時間外労働で25％増し）
　　22時～翌5時まで　　時給1,500円（時間外25％＋深夜25％）
　　翌5時～9時まで　　時給1,250円（時間外25％）

第1章 「残業代」って何ですか?

4．時間外労働の数え方

　時間外労働の時間数は、同じ部分を「1日8時間を超えた時間外労働」と、「週40時間を超えた時間外労働」とで重複して数えないように、注意する必要があります。

　では、ここで練習問題（**例題**）を出題しますので、「時間外労働」が何時間になるか、数えてみてください。

例題	以下に示した1週間の、時間外労働は何時間になるでしょうか。下の空欄を埋めながら、数えてみて下さい。

なお、日曜日は法定休日であるとします。

解答は38ページにあります。

曜日	実際に働いた時間	「1日8時間」以内	「1日8時間」超
日曜日 （法定休日）	12時間		
月曜日	7時間		
火曜日	11時間		
水曜日	14時間		
木曜日	7時間		
金曜日	7時間		
土曜日	5時間		

34

| 1-4 | 時間外労働 ～「1日8時間」&「週40時間」を超えて働いた場合～

5. 時間外労働が月60時間を超えた場合—企業規模で異なる割増率—

　解説3で述べたとおり、時間外労働に対する割増賃金の割増率は「125％以上」が原則です。ただし、時間外労働が月60時間を超えた場合には、その超えた部分についてのみ、「大企業」と「中小企業」のいずれにあたるかによって割増率が異なることとされています（「大企業」と「中小企業」の具体的な区別の基準は、**図表2**を見て下さい）。

　具体的には、「大企業」の場合、時間外労働が月60時間を超えると、超えた部分の割増率は「150％以上」でなければなりません（労基法37条1項但し書き）。一方、「中小企業」の場合には、現時点（平成30年2月末日現在）では、時間外労働が月60時間を超えていても、割増率は「125％以上」のままで良いとされています（労基法附則138条）。

　とはいえ、中小企業についても、法律上は「当分の間」適用が猶予されているに過ぎませんので、近いうちに労基法が改正されると、大企業と同じ割増率になるものと見込まれます。

・労基法附則第138条

　中小事業主（その資本金の額又は出資の総額が三億円（小売業又はサービス業を主たる事業とする事業主については五千万円、卸売業を主たる事業とする事業主については一億円）以下である事業主及びその常時使用する労働者の数が三百人（小売業を主たる事業とする事業主については五十人、卸売業又はサービス業を主たる事業とする事業主については百人）以下である事業主をいう。）の事業については、当分の間、第三十七条第一項ただし書

第1章 「残業代」って何ですか?

の規定は、適用しない。

	図表2　企業規模の区分			
業種※	(1) 資本金の額または 出資の総額	または	(2) 常時使用する労働者数 （企業全体）	(1)(2) とも 該当なし
小売業	5,000万円以下		50人以下	
サービス業	5,000万円以下		100人以下	
卸売業	1億円以下		100人以下	
その他	3億円以下		300人以下	
	▼ ▼ ▼		▼ ▼ ▼	▼ ▼ ▼
	中小企業		中小企業	大企業

出典：福岡労働局ホームページより

※業種の分類は、「日本標準産業分類（第13回改定)」に従って、4つに
　分類されています（**図表3**)。自分の勤務先の業種がどれに該当する
　のか分からない時は、労働基準監督署に問い合わせることも可能です。

36

| 1-4 | 時間外労働 〜「1日8時間」＆「週40時間」を超えて働いた場合〜

図表3　日本標準産業分類（第13回改定）

業種	日本標準産業分類上の分類
卸売業	大分類 I （卸売業、小売業）のうち 　中分類50（各種商品卸売業） 　中分類51（繊維・衣服等卸売業） 　中分類52（飲食料品卸売業） 　中分類53（建築材料、鉱物・金属材料等卸売業） 　中分類54（機械器具卸売業） 　中分類55（その他の卸売業）
小売業	大分類 I （卸売業、小売業）のうち 　中分類56（各種商品小売業） 　中分類57（織物・衣服・身の回り品小売業） 　中分類58（飲食料品小売業） 　中分類59（機械器具小売業） 　中分類60（その他の小売業） 　中分類61（無店舗小売業） 大分類M（宿泊業、飲食サービス業）のうち 　中分類76（飲食店） 　中分類77（持ち帰り・配達飲食サービス業）
サービス業	大分類G（情報通信業）のうち 　中分類38（放送業） 　中分類39（情報サービス業） 　小分類411（映像情報制作・配給業） 　小分類412（音声情報制作業） 　小分類415（広告制作業） 　小分類416（映像・音声・文字情報制作に附帯する 　　　　　　　サービス業） 大分類K（不動産業、物品賃貸業）のうち 　小分類693（駐車場業） 　中分類70（物品賃貸業） 大分類L（学術研究、専門・技術サービス業） 大分類M（宿泊業、飲食サービス業）のうち 　中分類75（宿泊業） 大分類N（生活関連サービス業、娯楽業） 　　　※ただし、小分類791（旅行業）は除く 大分類O（教育、学習支援業） 大分類P（医療、福祉） 大分類Q（複合サービス事業） 大分類R（サービス業〈他に分類されないもの〉）
その他	上記以外の全て

出典：中小企業庁

第1章 「残業代」って何ですか？

- 1日8時間を超えて働いた分は「時間外労働」にあたる。
- 週に40時間を超えて働いた分も「時間外労働」にあたる。
- 時間外労働をさせた使用者は、通常の賃金の125％以上の割増賃金を支払わなければならない。時間外労働が深夜（22時〜翌5時）に及んだ場合は、さらに25％の上乗せが必要になる。

| 解答 | 下記の●の数が時間外労働の時間数になります（11時間）。 |

曜日	実際に働いた時間	「1日8時間」以内	「1日8時間」超
日曜日 （法定休日）	12時間	法定休日労働	法定休日労働
月曜日	7時間	①②③④⑤⑥⑦	
火曜日	11時間	⑧⑨⑩⑪⑫⑬⑭⑮	●●●
水曜日	14時間	⑯⑰⑱⑲⑳㉑㉒㉓	●●●●●●
木曜日	7時間	㉔㉕㉖㉗㉘㉙㉚	
金曜日	7時間	㉛㉜㉝㉞㉟㊱㊲	
土曜日	5時間	㊳㊴㊵●●	

1-5 深夜労働、法定休日労働、時間外労働の関係

 これまで、割増賃金が発生する3つのパターンについて勉強してきたね。

はい、①深夜労働、②法定休日労働、③時間外労働、の3つです。

 今回は、それらの関係について整理しておこう。
少しややこしいけれど、もとになっている考え方を理解しておけば、それほど難しくはないよ。
ポイントは2つだ。1つめは、「法定休日の労働」と「それ以外の日の労働」とを完全に分けて考える必要があるということ。
2つめは、法定休日労働も時間外労働も、「深夜」になるとその分だけ割増率が上乗せされるということだ。

どんな時に何割増しになるのか、そのカウントの仕方ですね。ちょっと難しくなってきましたね。

 そうだね。でも順番通りにみていけば大丈夫。
時間外労働と法定休日労働の関係からまずは説明するよ。

はい。よろしくお願いします！

第1章 「残業代」って何ですか?

1．時間外労働と法定休日労働の関係

「法定休日労働」と「時間外労働」は、完全に別のものです。

「法定休日労働」と「時間外労働」は、いわば「水と油」のようなもので、混じり合うこともなければ重なり合うこともありません。

「法定休日労働」と「時間外労働」の時間をカウントする時は、①まず最初に「法定休日」の労働時間をカウントし、②「法定休日」以外の日の労働時間について、「時間外労働」をカウントします。この「順番」を間違えると混乱しますので、注意してください。

（1）「週40時間」の制限を超えているかを判断する時、法定休日労働の時間は考慮に入れてはいけない

曜日	日曜日	月曜日	火曜日	水曜日	木曜日	金曜日	土曜日
労働時間	**10時間**	10時間	10時間	10時間	10時間	10時間	10時間

＊日曜日は法定休日

たとえば、日曜日から土曜日まで、1週間毎日10時間ずつ働いたとします。この場合、1週間の労働時間の合計は10時間×7＝70時間なので、70時間－40時間＝30時間が時間外労働時間だ！と判断するのは誤りです。

日曜日の10時間は「法定休日労働」なので、この分は除いて考えなければなりません。

したがって、「時間外労働」をカウントする時は、月曜日〜土

| 1-5 | 深夜労働、法定休日労働、時間外労働の関係

曜日の労働時間だけを見れば良いので、この週の「時間外労働」は60時間－40時間＝20時間です。

（2）法定休日労働は、「8時間」を超えるか否かで区別する必要はない

　一方、「法定休日労働」については、8時間を超えるか否かで区別する必要はありません。**法定休日労働の割増率は、8時間を超えても超えなくても、「135％以上」で変わらないからです。**

　上の例でいえば、法定休日（日曜日）の労働時間は10時間ですが、これについて「8時間」の部分と、それを超えた「2時間」の部分とで区別する必要はないということです。

2．時間外労働・法定休日労働が深夜に及んだ場合

　通常の労働（時間外労働でも法定休日労働でもない）が深夜に及んだ場合には、100％＋25％＝125％になります（第1－2参照）。

　時間外労働が深夜に及んだ場合には、割増率が125％＋25％＝150％になります（大企業では、時間外労働が月60時間超部分について150％＋25％＝175％）。

　また、**法定休日労働が深夜に及んだ場合には、割増率が135％＋25％＝160％になります。**

第1章 「残業代」って何ですか?

- ①法定休日労働と②時間外労働は別ものであり、①、②の順番でカウントする。
- 法定休日に働いた場合、8時間を超えても超えなくても135%の割増率で変わらない。

	日中(午前5時～午後10時)	深夜(午後10時～午前5時)
法定休日	135%	160%(*1)
時間外労働	125%	150%(*2)
時間外労働のうち、月60時間超の部分(大企業のみ)	150%	175%(*3)

(*1) 135%+25%=160%　(*2) 125%+25%=150%　(*3) 150%+25%=175%

1-6 「法内残業」と残業代

先生、今日は、私の弟のことで相談してもいいですか？

どうぞ。弟さんはこの春から大学生になったんだっけ？

そうなんです。大学生になって新しくバイトを始めたんですけど、そこでちょっと疑問があるらしくて。

どんなアルバイトをしているの？

スーパーマーケットの駐車場でドライバーを誘導する仕事です。

なるほど。それで、疑問ってどんなこと？

スーパーの営業時間は長いので、誘導の仕事は、朝、昼、夜と別々のバイトさんが入ってるんです。
弟は午前に大学の講義があるし、夕方はサークル活動とか勉強のこともしたいので、火・木・土曜日の正午〜午後5時だけ、という約束で働き始めたんです。

午後5時になると、夜のバイトさんにバトンタッチするんだね。

第1章 「残業代」って何ですか？

そうです。本来はそういう約束だったんでけど、夜のバイトさんが遅刻することがあるそうなんです。昨日も、弟は午後6時まで働いていたみたいです。

それについて弟さんは、なんて言ってるの？

弟はいつも、「なんでオレがあいつの遅刻の分のカバーをしなくちゃいけないんだよっ！」って怒ってます。どうやら夜のバイトさんは社長の知り合いらしくて、社長も厳しく言わないみたいで……。それで、弟にしわ寄せが来ているようです。

給料はどんな約束になってるのかな？

1日に5,000円、って決められてるそうです。

なるほど。いわゆる日給制だね。で、遅刻した人の穴埋めで働いた時は、残業代をもらってるのかな？

それが、午後5時を過ぎて働いても、やっぱり1日5,000円しか出ないんです。

それはひどいねえ。

弟としては「多少の残業ならサークルや勉強にも支障は出ないし、給料を上乗せしてもらえるなら、残業すること自体は構わない」って考えてるみたいなんですけどね。

それで、弟さんは、会社には何か言ってみたのかな？

 はい、昨日、仕事が終わってから、社長に「残業はしても構いません。でも、その分の残業代はちゃんと払ってください！」って思い切って言ったそうです。
ところが、社長からは「『残業』というのは、1日8時間を超えて働いた分を言うんだっ！」と言われて、丸め込まれそうになってるんです。
最初は弟も、「そんなバカな」と思って反論してたんですけど、社長に「うちの顧問弁護士の先生もそう言ってる」とまで言われると、さすがに自信がなくなってきたらしくて……。
社長の言い分って、正しいんですか？

結論から言えば、社長の言い分は通らないだろうね。

 良かった〜！

社長の言い分は、弟さんの労働時間はせいぜい6時間で、8時間以内だから、残業代を払う必要はない、という内容だね。これは誤りだ。
前に、1日の労働時間のうち8時間を超えた部分のことを「時間外労働」といって、割増賃金が発生する、と勉強したよね。
これに対して「労働契約で取り決めた所定労働時間を超えるけど、労基法の上限（1日8時間、1週間40時間）以下には収まっている残業」は、「**法内残業（ほうないざんぎょう）**」と呼ばれるんだ。

第1章 「残業代」って何ですか？

弟さんの場合は、雇用契約で取り決めた所定労働時間が「5時間」だから、仮に6時間働いた（＝実労働時間が6時間だった）のなら、1時間分は「法内残業」になるね。

法内残業に対する残業代は労働契約に特に定めがない場合は、通常の賃金と同じになる。つまり、弟さんの場合なら、所定労働時間が5時間で日給5,000円だから、通常の賃金は5,000円÷5時間で、1時間あたり1,000円。

ということは、**6時間働いた時は、法内残業の1時間に対しても、1,000円の残業代が発生する。**

「労働契約に特に定めがない場合は」というのは労働契約で法内残業について特に定めがある場合は、その定めによるからだ。

さっきの例でいえば、雇用契約で「法内残業に対しても、（法外残業と同じように）1時間あたり1,250円を支払う」と定めれば、それが適用される。実際にそういう会社もあるよ。

図で表すとこのようになるんだ（**図表4**）。

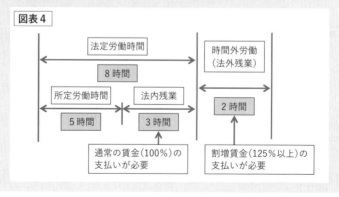

1．所定労働時間と実労働時間

労働契約、つまり**労働者と使用者の間の契約で定めた労働時間のことを、「所定労働時間」**といいます。

労基法の定める上限（1日8時間、週40時間）を超えない限り、所定労働時間は労働契約で自由に定めることができます。

たとえば、「仕事をするのは月曜日から金曜日までの午前9時から午後5時まで、休憩時間は正午から午後1時までとする」と定めた場合は、1日の所定労働時間は7時間、1週間の所定労働時間は35時間ということになります。

ちなみに、「所定労働時間」に対して、**実際に働いた時間のことは、「実労働時間」**といいます。

2．法内残業とは？

さきほどの例で、ある月曜日に、「午後9時から午後6時まで」働いたと仮定すると（正午から午後1時までは休憩していたとします）、その日の実労働時間は8時間になります。

8時間なので、労基法の上限内には収まっています。したがって、時間外労働（1章-4参照）はなく、労基法に基づく割増賃金は発生しません。

しかし、労働者の側から見れば、**午後5時以降の1時間は、まぎれもなく「残業」そのものです。**

第1章 「残業代」って何ですか？

　このように、**実労働時間のうち、所定労働時間を超えているが、労基法の上限以下に収まっている部分のこと**を、「**法内残業**」といいます。

---

3. 法内残業に対する賃金（残業代）の額は？

　1日を単位として賃金額を決めた場合（日給制）であれ、月を単位として賃金額を決めた場合（月給制）であれ、もともとの労働契約では、「1日に7時間だけ働く」ことを前提として、賃金額を決めたはずです。

　「7時間働いて7,000円もらえる」と聞かされて働いていた人からすれば、「8時間働けば8,000円もらえる」と思うのが当たり前でしょう。

　したがって、法内残業については、労働者は「通常の賃金」の支払いを求めることができます。**労基法上の上限を超える時間外労働に対する「割増賃金」とは異なって、「割り増し」はありません。**つまり、125％でなく、「100％」です。

　ただし、就業規則※や個別の労働契約において、法内残業に対しても法外残業と同じように「125％」以上を支払うと取り決めることは、何ら禁止されていません。きちんとした会社であれば、職場に「就業規則」や「賃金規程」が備え付けられているはずです（ただし、小規模な事業所などで、就業規則の作成義務がない場合は除きます）。

　これをお読みの方で、まだ在職中の方は、勤務先の会社で「所定労働時間」がどのように決められているのか、「就業規則」を見て確認してみましょう。また、所定労働時間が8時間未満の場合には、「法内残業」について残業代をどのように計算すること

になっているのか、確認してみましょう。

※就業規則とは？

　就業規則とは、いわば、「職場のルールブック」です。

　常時10人以上が働く事業場において、使用者は、労働者側の意見を聞いたうえで就業規則を作成し、労働基準監督署に届出をし、事業場に備え付けておくなどして労働者に内容を周知させておく義務があります（もっとも、現実には、作成義務があるにもかかわらず作成されていなかったり、作成していても周知をしていなかったりする会社も多いのですが……）。

　なお、賃金や退職金などの細かな内容については、就業規則の「本体」に付属する別の書類（「賃金規程」「退職金規程」など）に記載されていることもあります。この場合、法的には、付属書類を含めた全体が「就業規則」ということになります。

- 労働契約で定めた労働時間を「所定労働時間」という。
- 実際に働いた時間を「実労働時間」という。
- 実労働時間のうち、所定労働時間を超えているが労基法の上限以下に収まっている部分のことを「法内残業」という。
- 法内残業については、労働者は「通常の賃金」の支払いを求めることができる。
- 法内残業の残業代は、労基法の割増賃金とは異なり「割り増し」はないが、就業規則などに割り増しの定めがある場合には、それに従って計算される。

第1章 「残業代」って何ですか？

コラム 「司法修習生」

　裁判官・検察官・弁護士（まとめて「法曹」と呼びます。）になるためには司法試験に合格する必要がある、というのはよく知られていると思います。でも、司法試験に合格すればすぐに法曹になれるわけではありません。司法試験に合格したあと、「司法修習生」として1年間の研修（司法修習）を受け、最後に試験（正式には「考試」といいます。）を受けて合格してようやく、晴れて法曹になる資格を得ることになります。

　司法修習には、一部、教室に座って講義を受けるような内容（座学）もありますが、何と言ってもその中心は「実務修習」です。全国各地の裁判所、検察庁、弁護士会に配属され、裁判官・検察官・弁護士から実際の事件を通じて実務のやり方を学ぶのです。

　裁判修習では、司法修習生は民事裁判や刑事裁判の法廷を傍聴して裁判官の訴訟指揮のやり方を学ぶほか、裁判官とどんな判決を言い渡すべきか意見交換したり、実際の事件記録をもとに判決を書く練習をしたりします。

　検察修習では、実際の犯罪事件について、指導係の検事による指導のもとで、捜査の方法を学んだり、刑事事件の公判廷を傍聴するなどして、検察官の仕事について学びます。

　弁護修習では、指導弁護士のもとで、法律相談や法廷、依頼者との打ち合わせに立ち会ったり、裁判所に提出する書面や契約書などのさまざまな文書を作成して講評を受けたりします。

　ところで、司法修習には「期」があります。戦後最初に司法修習生になった人が「第1期」で、次の年が第2期…とい

う具合で、2003年〜2004年に司法修習生だったＴ先生の場合は、「第57期」です。

　法曹の間では、「いつ司法修習を受けたか」ということが、法曹としての経歴の長さを示すことになりますので、「修習○期の○○裁判官って知ってる？」とか、「○○弁護士とは修習○期で同期だ」といった会話がよく交わされます。

　また、「修習同期」の横のつながりを大切にしている人も多く、実務家として仕事を始めたあとも同期で集まって勉強会をしたり、飲みに行ったりすることがよくあります。もちろん、仕事の面でも頼んだり頼まれたり、ということは日常茶飯事です。

　この本では、Ｔ先生が同期のＫ弁護士から頼まれて、司法修習生に残業代請求事件の実務を教えることになりましたが、これも、Ｔ先生自身の経験を踏まえたお話です。

第2章
「時間単価」について知ろう！

第2章 「時間単価」について知ろう！

2-1 月給制の残業代の計算方法 〜自分の"時間単価"を知ろう〜

深夜労働、法定休日労働、時間外労働、法内残業の意味とそれぞれの「割増率」は頭に入っているかな？

はい！法定休日労働が135％、時間外労働が125％です。そして、深夜労働にあたる場合は＋25％ですよね！

ばっちりだね。では、今回からはいよいよ**「月給制」の場合の残業代計算について勉強しよう**。今までに出てきた話では、全部、労働契約で定められた賃金（所定賃金）が時給制や日給制だったので、時給1,000円とか、1日5時間勤務で日給5,000円とか残業代の計算の基礎単位となる「1時間あたりの賃金額」が分かりやすかったよね。

でも、特に正社員の場合だと、「1か月○○万円」という月給制で働いている人が多いでしょう？　このような場合には、**残業代の計算の基礎単位となる「1時間あたりの賃金額（時間単価）」をどのように計算すればいいのか**、というのが今回のテーマだ。

基本的な考え方は、日給制の時と同じように、「1時間あたりの金額に換算する」ということなんだ。

たとえば、月の所定労働時間が140時間（7時間×20日）で月給28万円の人なら、280,000円÷140時間だから、1時間あたり2,000円ということになるんだ。

なーんだ、簡単じゃないですか。あれ？　でも、祝日や祭日の多い月と少ない月とがありますよね？

 その通り。ひと口に「1か月」と言っても、月によって、所定労働時間が異なるという問題があるんだ。
ではこのカレンダー（**図表1、2**）を見てみよう。グレーの部分が休日だよ。

図表1　2018年4月のカレンダー

日	月	火	水	木	金	土
1	2	3	4	5	6	7
8	9	10	11	12	13	14
15	16	17	18	19	20	21
22	23	24	25	26	27	28
29	30	―	―	―	―	―

図表2　2018年6月のカレンダー

日	月	火	水	木	金	土
―	―	―	―	―	1	2
3	4	5	6	7	8	9
10	11	12	13	14	15	16
17	18	19	20	21	22	23
24	25	26	27	28	29	30

たとえば「1日の所定労働時間は7時間で、土曜、日曜と国民の祝日が休日」と定められている会社の場合、2018年の4月は20日間仕事をすることになるから、7時間×20日となり、所定労働時間は140時間だね。けれど、6月のカレンダーを見ると21日間仕事をすることになるから、7時間×21日となり、所定労働時間は147時間となるんだ。

第2章 「時間単価」について知ろう！

もし、単純に「月給額÷月の所定労働時間」で割り算するということなら、6月分の時間単価は280,000円÷147時間＝約1,905円となって、4月分（280,000円÷140時間＝2,000円）より金額が少なくなってしまう。そうすると、同じように1時間の残業をしても、月によって残業代の金額が高かったり低かったりすることになってしまうよね。

月によって金額が違うのは、何だか不自然な感じがしますね。

そうでしょ？
だから、労基則では、「**月平均所定労働時間**」という考え方を取り入れているんだ。
月によって実際の所定労働時間は違うから、**1年間の所定労働時間の合計を12で割って、その年の「1か月あたりの所定労働時間の平均値」を出しましょう**、ということだ。
じゃあ、さっきの会社、つまり「所定労働時間は7時間、土曜、日曜と国民の祝日が休日」と定められている会社の場合で、2018年の月平均所定労働時間を計算するよ。まず、年間の所定労働日数を確認してみよう（**図表3**）。

図表3　年間の所定労働日数

1月	2月	3月	4月	5月	6月	7月	8月	9月	10月	11月	12月	合計
21日間	19日間	21日間	20日間	21日間	21日間	21日間	23日間	18日間	22日間	21日間	20日間	248日間

| 2-1 | 月給制の残業代の計算方法〜自分の"時間単価"を知ろう〜

2018年の所定労働日数は248日だから、年間の所定労働時間は 7 時間×248日＝1,736時間だね。これを 12 で割るんだ。
　　◆1,736時間÷12＝144.666666……
割り切れないときは、小数第二位までとしておこう（この場合は144.66）。次はそれをもとに「時間単価」を算出してみよう。月給額を「月平均所定労働時間」で割ることで、月給を時給に換算するんだ。
　　◆280,000円÷144.66＝1,935.573……
こんな風に 1 円未満の端数が出るときは、「50銭以上切り上げ・50銭未満切捨て」にしておこう（この場合は1,936円）。

じゃあ次はいよいよ、時間単価を使って残業代の計算ですね。

 ちょっと待った！

わ、ビックリした！
先生、急に大きな声出さないでくださいよ。

 ごめんごめん。ここで、ちょっと大事な話があるんだ。「**最低賃金**」って言葉を聞いたことがあるかな？
　日本では、「最低賃金法」という法律で、賃金額の下限（最低額）が決められているんだ。

スマホ代も要るし、友だちと遊びに行くのにもお金がかかるんですよね……はあ。

第2章 「時間単価」について知ろう！

誰でも、生活するためには食費とか、洋服代とか家賃とか、いろいろお金が必要ですものね。

そうそう。だから、労働者が普通に働けばちゃんと生活ができるようにするために、法律に基づいて、「労働者には、最低でもこれだけの賃金額を支払いなさい！」って決めてるんだ。

素晴らしいシステムですね。
それは全国一律の金額なんですか？

最低賃金は、都道府県別に定められているよ。
2018年3月現在の数字（平成29年度最低賃金）で、一番高い東京都が時給958円、一番低い沖縄県・宮崎県が時給737円だ。

結構な差がありますね。先生、自分の地域がいくらなのか知りたいときはどうすればいいですか？

2018年3月現在の地域別の最低賃金額を一覧表にまとめておいたから、ここで確認してみてね（**参考**）。
ちなみに、最低賃金額は毎年10月頃に改定（値上げ）されるから、最新の金額を知りたい時は、厚生労働省のホームページを見るといいよ。

はい！　わかりました！
……と、さっきの計算で出た時間単価（1,936円）は、どの都道府県でも最低賃金を上回ってますね。

| 2-1 | 月給制の残業代の計算方法〜自分の"時間単価"を知ろう〜

このケースでは、最低賃金の点は問題なさそうだね。

もし、時間単価が最低賃金を下回っている場合は、どうなるんですか？

労働契約で定めた時間単価が最低賃金額を下回る場合は、契約の内容が法律によって修正されて、「最低賃金額を支払う」という契約をしたものとみなされるんだ[1]。当然、残業代の計算のための時間単価も、最低賃金額のほうを使うことになるよ。

先生、1つ質問です。所定労働時間が、法定の上限を超えている場合はどうすればいいですか？
たとえば、「1日10時間働く」と労働契約で決めた場合、月平均所定労働時間を計算する時も、「1日10時間」で計算するんですか？

いい質問だね。その場合は、「1日8時間」で計算する。週の上限についても同様で、たとえば「週の労働時間を50時間とする」と労働契約で定められていたとしても、「週40時間」と定められたものとみなして、月平均所定労働時間を計算するんだ。

労働者が、「1日10時間働く」って納得して労働契約を結んでいても、ダメなんですか？

「1日10時間働く」と契約しても、労基法13条[2]の効力で、所定労働時間は「8時間」に修正されるんだ。

59

第2章 「時間単価」について知ろう！

つまり、労働者が「1日10時間働くという契約でいいです」って納得していても、ダメなんですね。なんだか「お節介」な感じもしますけど……。

 そうかもしれないね。でも、もしそのような規制がなければ、「1日何時間まで働けるか」みたいなところで労働者間で競争が始まってしまうかもしれない。
そうなると、競争についていけなくて身体を壊す人もでてくるだろうし、普通に1日8時間働きたいと思ってる人は、仕事を見つけられなくなるかもしれない。
だから、労基法13条は、すべての労働者の健康や生活を守るために、とても大切な条文なんだ。

なるほど。よく分かりました。

 時間単価を知ることは残業代請求で大切だから、ぜひ覚えてね。

（1）最低賃金法4条2項
（2）労基法13条：この法律で定める基準に達しない労働条件を定める労働契約は、その部分については無効とする。この場合において、無効となった部分は、この法律で定める基準による。

| 2-1 | 月給制の残業代の計算方法〜自分の"時間単価"を知ろう〜

参考　都道府県別最低賃金一覧（2018年3月現在）

北海道	810円	滋　賀	813円
青　森	738円	京　都	856円
岩　手	738円	大　阪	909円
宮　城	772円	兵　庫	844円
秋　田	738円	奈　良	786円
山　形	739円	和歌山	777円
福　島	748円	鳥　取	738円
茨　城	796円	島　根	740円
栃　木	800円	岡　山	781円
群　馬	783円	広　島	818円
埼　玉	871円	山　口	777円
千　葉	868円	徳　島	740円
東　京	958円	香　川	766円
神奈川	956円	愛　媛	739円
新　潟	778円	高　知	737円
富　山	795円	福　岡	789円
石　川	781円	佐　賀	737円
福　井	778円	長　崎	737円
山　梨	784円	熊　本	737円
長　野	795円	大　分	737円
岐　阜	800円	宮　崎	737円
静　岡	832円	鹿児島	737円
愛　知	871円	沖　縄	737円
三　重	820円		

61

第2章 「時間単価」について知ろう！

1．月平均所定労働時間

　残業代の計算をするためには、1時間あたりの賃金（時間単価）を求める必要があります。

　時給制と日給制の場合は、それほど難しくはありません。時給制の場合なら、労働契約で定めた1時間あたりの賃金がそのまま時間単価になります。日給制の場合なら、日給額を1日の所定労働時間で割り算すれば良いだけです。

　これに対して、月給制の場合は、月によって所定労働時間が変動することが多いため、単純に「月給÷その月の所定労働時間」としてしまうと、月によって時間単価が異なることになって、不自然です。

　そこで、労基則では、月あたりの所定労働時間の平均値（月平均所定労働時間）を算出し、**月給を月平均所定労働時間で割り算して時間単価を求める**ことにしています。

2．月平均所定労働時間と時間単価の求め方

　月平均所定労働時間は、年間の所定労働時間の合計÷12（か月）で計算します。

> 月平均所定労働時間＝1日あたりの所定労働時間数
> 　　　　　　　　　×年間の所定労働日数÷12

※割り切れない時は、少数第2位までとしておけば良いでしょう。

| 2-1 | 月給制の残業代の計算方法〜自分の"時間単価"を知ろう〜

時間単価の求め方は、残業代を計算したい月の月給額を、その年の月平均所定労働時間で割って求めます。

時間単価＝月給額÷（その年の）月平均所定労働時間

※１円未満の端数が出てしまう時は、「50銭以上は切上げ、50銭未満は切捨て」にしておきましょう。

３．最低賃金との関係

最低賃金とは、「最低賃金法」という法律に基づいて国が定める賃金額の下限のことです。

賃金の額は、基本的に労働契約の当事者（使用者と労働者）が自由に定めることができますが、法律に基づいて定められた「最低賃金」を下回ることはできません（仮に最低賃金を下回る賃金で労働契約を結んだとしても、最低賃金額で契約したものとみなされます）。

現在の最低賃金は、都道府県ごとに定められる「地域別最低賃金」と、特定の産業及び職業について定められる「特定最低賃金」の２つがありますが、実際上多くの方の残業代に関係するのは、都道府県ごとに定められる「地域別最低賃金」です。

たとえば、2018年３月１日現在、東京都の最低賃金は「１時間あたり958円」と定められています（平成29年度最低賃金）。

したがって、東京都内では、仮に労働契約で「１時間あたり900円」と合意しても、法律の効力によって「１時間あたり958円」で契約したものとみなされます。

月給制の場合には、月給額を月平均所定労働時間で割ったもの（時間単価）が、最低賃金以上でなければなりません。

月給÷月平均所定労働時間≧最低賃金額（時間額）

第2章 「時間単価」について知ろう！

　時間単価が最低賃金を下回るケースは実際にはそれほど多くはありませんが、念のため、確認しておきましょう。

　なお、最低賃金の金額は毎年10月頃に改定され、最新の金額は厚生労働省や労働局のホームページ＊に掲載されます。

＊厚生労働省ホームページ「最低賃金制度の概要」
　http://www2.mhlw.go.jp/topics/seido/kijunkyoku/minimum/
　minimum-09.htm

4．所定労働時間が法定の上限を超える場合

　所定労働時間が法定の上限を超えて設定されている場合には、所定労働時間は法定の上限に修正した上で、月平均所定労働時間を計算する必要があります。

　たとえば、労働契約書や就業規則で「月曜日から土曜日まで、所定労働時間は毎日8時間（日曜日が法定休日）」と、定められていたとします。

　この場合、1週間の所定労働時間は8時間×6日＝48時間なので、機械的に計算すると、月平均所定労働時間は200時間を超えてしまうようにも思われますが、それは明らかに誤りです。

　法律上、1週間の労働時間は40時間を超えてはいけないのですから、この場合は、1週間の所定労働時間は40時間と設定されたものとみなして、計算をする必要があります。

　2018年の月平均所定労働時間を例にすると次の通りです。

| 2-1 | 月給制の残業代の計算方法～自分の"時間単価"を知ろう～

◆誤った計算

365日＝52週間＋1日

年間所定労働日数　48時間×52週＋8時間＝2504時間

月平均所定労働時間　2504時間÷12＝208時間　　×

◆正しい計算

365日＝52週間＋1日

年間所定労働日数　40時間×52週＋8時間＝2088時間

月平均所定労働時間　2088時間÷12＝174時間　　○

　実は、この計算からもお分かりいただけるように、「月平均所定労働時間」というのは、週40時間制が適用される一般的な業種・企業＊であれば、「月平均所定労働時間」は、最大でも、174時間前後に収まるはずなのです。

　したがって、「所定休日や、1か月の所定労働時間が不明確で、月平均所定労働時間が正確に計算できない」というケースでも、とりあえず月平均所定労働時間を「174時間」に設定すれば、おおざっぱに計算をすることができます。

＊一部例外として週44時間が認められている業種もあります。

第2章 「時間単価」について知ろう！

- 月給制の場合は、1時間あたりの賃金（時間単価）は「月給÷月平均所定労働時間」で計算する。
- 月平均所定労働時間は、「年間の所定労働時間の合計÷12」で計算する。
- 時間単価は、法律で定められた最低賃金を上回っていなければならない。
- 月平均所定労働時間は、一般的な業種・企業では、最大でも174時間前後となる。

2-2 「除外賃金」とは？

残業代の計算の基礎単位になる「1時間あたりの単価（時間単価）」の計算方法は理解できたかな？

はい！　月給を月平均所定労働時間で割るんですよね。

では、実際にその「月給」という部分について、給与明細書（**図表4**）を見ながら考えてみよう。ここに、とある会社の給与明細書があるよ。

図表4　給与明細の例

	基本給	職務手当	家族手当	住宅手当	通勤手当（非課税）			
支給	180,000	30,000	10,000	20,000	8,000			
								総支給額
								248,000
控除	（記載省略）							
勤怠	※「控除」「勤怠」などの欄は、通常、見る必要がありません。							
記事								

「支給」の欄には、いろいろな項目がありますね。

そうだね。実は「月給制」と言っても、実際には「基本給」以外にいろいろな名前の「手当」が支給されていることが多い。**残業代の計算の基礎には、「基本給」のほか、すべての「手当」も算入するのが原則だ。**ただし、例外として、労基法37条5項・労基則21条で、次の①～③については、残業代の計算の基礎から除外

第2章 「時間単価」について知ろう！

する（除外賃金）と定めているので、注意が必要だよ。

①家族手当、通勤手当、別居手当、子女教育手当、住宅手当
②臨時に支払われた賃金
③1か月を超える期間ごとに支払われる賃金

わかりました。じゃあ、まず、「職務手当」は①〜③には当てはまらなさそうだから、計算の基礎に含めてよさそうですね。次に、「住宅手当」は、残業代の計算の基礎から除外するんですね。

 そう思うよね。

え、違うんですか？
さっき先生がそう言ったばかりじゃ……???

 実は、除外賃金にあたる「住宅手当」というのは、単にそういう名前がついていればいいということではなくて、実際の住宅費用に応じて支給金額が決まるものをいうんだ。

手当の名称だけでは判断できないってことですか？

 そうなんだ。依頼者によると、この会社では、実際の住宅費用としていくらかかっているか、ということとは関係なく、「持ち家の労働者には2万円、賃貸住宅の労働者には1万円」という形で一律に支給されているということなんだ。だから、この会社の「住宅手当」は、残業代計算の基礎から除外される「住宅手当」に

| 2-2 | 「除外賃金」とは？

はあたらないんだ。

わあ、なんだかややこしいですね。

「家族手当」とか「通勤手当」なども同じで、大事なのは「名前」ではなくて、「実質」なんだ。

会社の支給基準が不明確で、よく分からない場合はどうすればいいんですか？

「就業規則」とか「賃金規程」などの書類で、どういう手当を、どんな人に、いくら支給するか、といったことがきちんと書かれていればいいんだけど、実際にはそういう書類が整備されていなくて、「どういう基準でこの金額になっているのか分からない」という場合もよくある。
そういう場合は、とりあえず、ぜんぶ残業代の計算の基礎に算入して計算すればいい。 最初にも言ったけど、基本給も手当も、残業代の計算の基礎にはすべてを算入するのが「原則」だからね。

よく分からなければ、とりあえず自分が有利になるよう計算して構わない、ということですね。

そうそう。
もし、残業代の計算の基礎から除外すべきものがある、ということなら、会社の側で、きちんと「手当」の支給基準を明らかにして、説明すればいいだけのことだからね。

第2章 「時間単価」について知ろう！

1．「除外賃金」とは

　月給制の場合、残業代の計算の単位となる1時間あたりの賃金（時間単価）は、以下のように計算します。

〈計算式〉
「時間単価＝月によって定められた賃金÷月平均所定労働時間」

※月平均所定労働時間については、第2章－1を参照してください。

　多くの会社では、「基本給」以外にも、いろいろな手当が支給されています。それらのうち、「月によって定められた賃金」に含める賃金（基礎賃金）と、含めない賃金（除外賃金）を振り分ける必要があります。

　除外賃金には、大きく分けて、次の3種類があります。

　① 家族手当など
　② 臨時に支払われた賃金
　③ 1か月を超える期間ごとに支払われる賃金

では、順に詳しく見ていきましょう。

2．「家族手当」など

①「家族手当」など
　労基法37条5項・労基則21条では、次のものは残業代の計算の

基礎から除外するものとされています。

ア　家族手当、イ　通勤手当、ウ　別居手当、エ　子女教育手当、
オ　住宅手当

　これらが残業代の計算の基礎に含まれないとされている理由
は、簡単に言えば、「仕事の内容や量とは無関係な、労働者の個
人的な事情により支給される賃金だから」です。

　たとえば、ある会社に同じ仕事をしていて、基本給も同じ既婚
者のＡさんと独身のＢさんがいたとします。この会社では、既婚
者には家族手当として１万円を支給することになっていて、Ａさ
んだけが「家族手当」として１万円を支給されているというケー
スを考えてみましょう。

　この場合、仮にＡさんに対する「家族手当」も残業代の計算の
基礎に含むとすると、ＡさんとＢさんがそれぞれ１時間ずつ残業
をした場合でも、残業代の金額はＡさんのほうがＢさんより高く
なってしまいます。これは不合理だ、というわけです。

　注意しなければならないのは、ア～オの**「除外賃金」にあたる
かどうかは、その手当の「名称」ではなく、実質で判断しなけれ
ばならない**ということです。具体的には、除外賃金に該当するた
めには、次のような実質を備えていなければなりません。

ア　家族手当

　残業代計算の基礎から除外される「家族手当」とは、扶養家族
の有無・数に応じて算定される手当をいいます。扶養家族の有
無・数と関係なく一律に支払われるものは、仮に「家族手当」と
いう名称が付いていても、除外賃金にはあたりません。

イ　通勤手当

　残業代計算の基礎から除外される「通勤手当」とは、通勤の距
離・実費に応じて算定される手当をいいます。通勤の距離・実費

第2章 「時間単価」について知ろう！

と関係なく一定額が支払われるものは、仮に「通勤手当」という
名称が付いていても、除外賃金にはあたりません。

ウ　別居手当

　別居手当とは、業務の都合によって扶養家族と別居を余儀なく
された労働者に対して、生活費を補う目的で支給される手当をい
います。単身赴任手当などがこれにあたります。

エ　子女教育手当

　子女教育手当は、労働者の子女（子ども）の教育費を補うため
に支給される手当をいいます。

オ　住宅手当

　各労働者が負担している住宅費用に応じて算定される賃金をい
います。

（・「住宅手当」にあたる例 ）

①住宅費用に定率を乗じて算定する方法で、例として「家賃○円
　×○％」や「住宅ローン月額○円×○％」という形で支給され
　ている場合。

②次の**図表5**のように住宅費用を段階的に区分して、各区分に応
　じて一定額を支給する場合。

図表5

家賃月額	住宅手当
50,000円〜 70,000円	20,000円
70,001円〜100,000円	30,000円

（・「住宅手当」にあたらない例 ）

①住宅の形態ごとに一定額を支給する場合で、例として「持ち家
　には4万円、賃貸住宅には2万円を支給する」といったケース。

②住宅費用にかかわらず一定額で支給する場合＊。例として「正

社員には、住宅費用として一律2万円を支給する」というようなケース。

このほか、「住宅手当」という名前がついていても、実際の住宅費用と無関係に支給額が決められているものは、残業代計算の基礎から除外される「住宅手当」にはあたりません。

＊平成11.3.31基発170号

3.「臨時に支払われた賃金」

臨時に支払われた賃金とは、「臨時的・突発的な事由に基づいて支払われた賃金」「支給条件はあらかじめ確定されているが、支給事由の発生が不確定であり、かつ、非常にまれに発生するもの」といいます＊。

例として「結婚手当」や「私傷病手当」「加療見舞金」があります。

＊昭和22.9.13発基17号

4.「1か月を超える期間ごとに支払われる賃金」

1か月を超える期間ごとに支払われる賃金は、「月によって定められた賃金」には含まれません。

例として「賞与」（ボーナス）があります。ただし、「賞与」という名前が付いていても、定期的に支給され、その支給額があらかじめ確定しているものは、残業代の計算の基礎に算入されます。特に注意が必要なのは「年俸制」の場合です（詳しくは、第3章−4を参照してください）。

第2章 「時間単価」について知ろう！

5．支給基準がよく分からない場合はどうすればいい？

　以上のように、残業代の計算の基礎となる賃金（基礎賃金）に含まれるのか、それともそこから除外される（除外賃金）のか、という区別については、細かな基準が決められています。

　しかし、実際には、会社側が支給の基準を就業規則などに明示していなかったり、就業規則などが周知されていなかったりして、基礎賃金に含めるべきなのかどうか、判断がつかないケースがあります。

　そのような場合に、労働者としては、**"とりあえず自分にとって有利になるように計算して、会社に請求すれば良い"**、と筆者は考えています。

　会社側で「労働者側の計算は違う」と考えるのなら、会社側は、きちんと「○○手当の支給基準は○○であるから、これは残業代の計算の基礎から除外する」と指摘をするべきだからです。

　除外賃金以外の点（月平均所定労働時間など）もそうですが、残業代の計算を100パーセント正確に行おうとすると、判断に迷うポイントというのは必ずいくつか出てきます。そのような場合に、「必ず請求の前に結論を出さなければいけない！」とこだわりすぎると、いつまで経っても会社側に残業代を請求できません。

　残業代が請求できる時効は2年ですから、ぐずぐずしている間に消滅時効が完成して、損をしてしまうことにもなりかねません（「時効」の詳細は第4章－1参照）。

　残業代の請求を行う上では、ある程度の「割り切り」も必要といえます。

74

| 2-2 | 「除外賃金」とは？

- 月給制の場合、残業代の計算の基礎に算入する賃金（基礎賃金）と、除外する賃金（除外賃金）の振り分けが必要。
- 基本給のほか、すべての手当を残業代の計算の基礎に算入するのが原則。
- 除外賃金には「家族手当など」「臨時に支払われた賃金」「1か月を超える期間ごとに支払われる賃金」の3種類がある。
- 「家族手当」「住宅手当」「通勤手当」などの除外賃金にあたるかどうかは、名称ではなく実質で判断される。
- 除外賃金にあたるかどうかの判断に迷ったら、とりあえず「基礎賃金」に算入しておく。

第2章 「時間単価」について知ろう！

～あなたの「時間単価」はいくら？～

空欄を埋めて、自分の時間単価を計算してみましょう！

STEP 1 1日に何時間働くことになっていますか？

| ： | から | ： | で、休憩 | 時間を引いた

計 Ⓐ 時間

Ⓐ：所定労働時間

STEP 2 次は、手元に年間カレンダーを用意しましょう。
1月から12月までの所定労働日数を合計して、年間の所定労働日数を計算しましょう。

1月	2月	3月	4月	5月	6月	7月	8月	9月	10月	11月	12月
日間	日間	日間	日間	日間	日間	日間	日間	日間	日間	日間	日間

1～12月の合計 Ⓑ 日間

Ⓑ：年間所定労働日数

STEP 3 「1日の所定労働時間（Ⓐ）」に「年間所定労働日数（Ⓑ）」を掛けて、「年間所定労働時間（Ⓒ）」を計算しましょう。

Ⓐ 時間 × Ⓑ 日 = Ⓒ 時間

Ⓒ：年間所定労働時間

STEP 4 年間所定労働時間（Ⓒ）を12で割って、1か月あたりの平均所定労働時間（月平均所定労働時間）を計算しましょう。

76

| ⓒ | 時間 ÷ 12 = | ⓓ | 時間

ⓓ：月平均所定労働時間

（小数点第3位以下は切り捨て。174時間を超える数値になるときは、174時間としましょう。）

※STEP4までで分からないところがある方は、2章-1の解説をもう一度読み直してくださいね！

STEP 5 給与明細書を用意しましょう。「支給」欄に記載のある金額のうち、確実に除外賃金（2章-2）にあたると思われるものは除外しましょう。

総支給額 | 円 - **除外賃金** | 円 = | ⓔ | 円

ⓔ：基礎賃金

※STEP5で分からないところがある方は、2章-2の解説をもう一度読み直してくださいね！

STEP 6 割増賃金の算定の基礎となる賃金（ⓔ）を、月平均所定労働時間（ⓓ）で割ったものが、時間単価です。

| ⓔ | 円 ÷ | ⓓ | 時間 = | ⓕ | 円

ⓕ：時間単位

（50銭未満は切り捨て、50銭以上は1円に切り上げ）

第2章 「時間単価」について知ろう！

2-3 歩合給がある場合の割増賃金の計算方法

先生、ひとつ質問ですが、営業の仕事をしている方だと一人で外にいることが多いですよね？
そういう時、残業代はどうなるのでしょうか。

もちろんちゃんと発生していますよ。

私の友人は営業職として働いていて、毎月、固定給のほかに、自分の営業成績（売上高）に応じて決まる歩合給が支給されていると聞いています。このような場合、時間外労働の計算はどのようになるのでしょうか？

月給のうち固定給部分については、通常どおり、固定給を月平均所定労働時間で割って時間単価を算出するけど、歩合給部分については、歩合給額をその月の「総労働時間数」で割って時間単価を算出するよ。

割増率も違うのですか？

歩合給部分については、時間外労働に対する割増賃金は、時間単価に「1.25」ではなく、「0.25」をかけて計算するよ。
法定休日労働の割増率も「1.35」ではなく「0.35」になるんだ。

1．出来高払い制とは

賃金の額が、労働時間ではなく、労働者の製造した物の量・価格、契約件数・契約高、売り上げの額などに応じた一定比率で決まる賃金制度を、「出来高払い制」といいます。

契約件数・契約高に応じて定められる営業社員の歩合給がその典型例です。

2．具体的な計算

ここでは、一般に多く見られる「固定給＋歩合給」の例で、具体的にどのように残業代を計算するのかを見てみましょう。

○設例
・営業社員のAさんには、基本給（固定給）22万円に、売上高の5％が業績手当（歩合給）として支給されることになっている（賃金の締め日は毎月末日）。
・2018年4月のAさんの売上高は100万円だったので、5万円が業績手当として支給された。
・Aさんの所定休日は土曜・日曜・祝日、労働時間は1日8時間と定められている。
・2018年の月平均所定労働時間は165時間とします。

第2章 「時間単価」について知ろう！

○問題

・Aさんは、2018年4月中は、所定労働時間（8時間×20日＝160時間）に加え、合計24時間の時間外労働をした。

・2018年4月分の時間外労働に対する割増賃金はいくらになるか。

○回答

　まず、固定給部分については、これまで説明してきたのと同じように計算します。固定給額をその年の月平均所定労働時間で割って時間単価を出し、それに時間外労働時間数を掛けて、最後に1.25倍するのでしたね。

220,000円÷165時間＝1,333円／時間　…　時間単価

1,333円／時間×24時間×1.25＝39,990円

　次に、歩合給部分については、**その月の総労働時間**で割って時間単価を出します。総労働時間というのは、実際に労働した時間（実労働時間）の合計です。

　Aさんは、2018年4月中、所定労働時間の160時間に加え、24時間の労働をしたというのですから、この月の総労働時間は184時間となります。

業績手当50,000円÷184時間＝272円／時間　…　時間単価

　そして、時間外労働の時間数を掛けるのですが、最後に「1.25」ではなく、「0.25」を掛けることに注意してください。

272円／時間×24時間×0.25＝1,632円

80

| 2-3 | 歩合給がある場合の割増賃金の計算方法

したがって、2018年4月の時間外労働に対する割増賃金は、「固定給部分」と「歩合給部分」とを足して、以下のようになります。

$$39,990円 + 1,632円 = \mathbf{41,622円}$$

3．補足（法定休日労働があった場合）

「2」では時間外労働に対する割増賃金について説明しましたが、法定休日労働に対する割増賃金についても、同じように、歩合給部分は「1.35」ではなく「0.35」を掛けて計算します。

たとえば、上の例で、2018年4月中に、24時間分の時間外労働のほかに、法定休日労働が8時間あったという場合、総労働時間は160時間＋24時間＋8時間＝192時間なので、法定休日に対する割増賃金は次のように計算されます。

固定給部分
220,000円÷165時間＝1,333円/時間　…　時間単価
1,333円/時間×8時間×1.35＝14,396円

歩合給部分
50,000円÷192時間＝260円/時間　…　時間単価
260円/時間×8時間×**0.35**＝728円

合計　14,396円＋728円＝15,142円

第2章 「時間単価」について知ろう！

なぜ「1」の部分は掛けないのか？ と思われる方もいるかと思いますが、「1」の部分は、すでに「歩合給」の中に含んで支給済みだから、と説明されています。

- 賃金の額が、契約件数や売上高などに応じて決められる制度を「出来高払い制」という。
 （営業社員の「歩合給」などが典型例）
- 出来高払い制の場合、出来高給の額をその月の総労働時間で割って時間単価を算出する。
- 出来高払い制の場合、割増賃金の「割増率」は「0.25」（時間外労働）や「0.35」（法定休日労働）となる。

コラム 「求人詐欺」

「求人詐欺」という言葉をご存じでしょうか？

新たに仕事を始めようとするとき、ハローワーク（公共職業安定所）の求人票や求人情報サイトの募集要項を見て自分の希望に合った仕事を探す、ということは一般的な方法だと思います。

ここで、「求人票等に記載された労働条件」と、「入社して働き始めた時の労働条件」とが同じであれば問題ないのですが、それが大きく異なるケースがあります。しかも、その中には、企業側が、はじめから意図的に、求人票等に（実際とは異なる）良い労働条件を記載して労働者を募集し、働き始める時点で（もともと予定していた）低い労働条件を記載した労働契約書にサインさせる、といった悪質なケースもあります。

このような「求人詐欺」の中でも、典型的なものは「固定残業代隠し」という手口です。たとえば、求人段階では「月給30万円」と書いておきながら、いざ働き始める段階になってみると、「月給30万円の中には固定残業代10万円が含まれている（したがって、本当の基本給は20万円である）」と説明して、そのままなし崩し的に働かせてしまうというパターンです。

このような「固定残業代」制度を悪用した「求人詐欺」については、以前からハローワークにも多くの苦情が寄せられていたようです。また、最近では「ブラック企業」問題が社会問題として認識されるとともに、「ブラック企業が（若い）労働者をだますための典型的な手口」とも指摘されるようになりました。

第2章 「時間単価」について知ろう！

　このため政府（厚生労働省）も対策を迫られることとなり、2015年9月には、まず、若者を対象とした求人・募集において、固定残業代制を採用する場合には、下記の内容を明示するよう指針（※）を出しました。

①固定残業代に関する労働時間数と金額等の計算方法
②固定残業代を除外した基本給の額
③固定残業時間を超える時間外労働、休日労働および深夜労働についての割増賃金を追加で支払うこと。

※青少年の雇用機会の確保及び職場への定着に関して事業主、職業紹介事業者等その他の関係者が適切に対処するための指針（2015年9月30日厚生労働省告示第406号）

　そして、2017年の職業安定法改正にともなって、若者以外も含めた労働者一般に対する求人・募集についても、指針で同様の内容が定められました（厚生労働省告示第232号、2018年1月1日施行）※。
　「求人詐欺」などという言葉が日本からなくなることを願ってやみません。

※詳しくは、厚生労働省ホームページ「平成29年職業安定法の改正について」を参照してください。
http://www.mhlw.go.jp/stf/seisakunitsuite/bunya/0000172497.html

第3章
残業代についてのよくある誤解

第3章 残業代についてのよくある誤解

3-1 「残業代が出ない」という労働契約??

相談者Aさんの場合
「残業代は支払わない」という約束で入社しましたが……。

私の会社は、所定労働時間が午前9時〜午後6時(うち1時間は休憩)なんですが、午後6時を過ぎて残業しても、残業代が全く支払われません。

なるほど。「残業代を支払って欲しい」、と会社に求めたことはありますか?

はい。先日、思い切って社長に「残業代を支払って欲しい」と言ったのですが、「入社する時に、うちでは残業代が出ないと説明しただろう? 君もそれで構わないといってうちに就職したんじゃないか。今さら残業代が欲しいだなんて、身勝手すぎないか?」と言われてしまいました。

入社の際に、実際にそんなやりとりがあったんですか?

はい。確かに、私も「分かりました」とは言いました。でも、そのときは、残業といってもわずかな時間だろうと思っていましたし、とにかく早く就職先を決めたかったので、「それは嫌です」とは言えなかったんです。

| 3-1 |　「残業代が出ない」という労働契約??

やっぱり、残業代を請求するのは無理なんですか???

いえ、そんなことはありません。1日8時間を超える
時間外労働に対する残業代（割増賃金）の支払いは、
労基法で使用者の法的義務とされています。
そして、たとえ労基法に反する内容の契約をしても、
法的な効力は認められませんので、残業代は請求でき
ますよ。

 ちなみに、ほかの社員が社長へ聞きに行った時は「残
業代だったら基本給に含まれている」と言われたそう
です……。

なるほど。それでは、雇用契約書と就業規則を見せて
もらえますか?

 これが契約書（**図表1**）です。就業規則は、うちの会
社では作られていません。

図表1　雇用契約書（例）

雇用契約書（抜粋）
所定労働時間：午前9時〜午後6時（休憩：正午〜午後1時）
休日：土曜日・日曜日
賃金：基本給30万円
（ただし深夜・法定休日・時間外労働に対する割増賃金を含む）

ふむふむ。これだったら大丈夫ですね。基本給の30
万円とは別に、残業代（割増賃金）を請求できますよ。

第3章 残業代についてのよくある誤解

1．「残業代は支払わない」という合意に法的効力はない

残業代を請求したところ、雇い主から「はじめから、残業代は出さないという約束で雇ったんだ。だから残業代なんて払う義務はない」という『反論』を受けることがよくあります。しかし、そのような『反論』は法律的にいえば無意味です。

すでに解説してきたとおり、深夜労働・法定休日労働・1日8時間・週40時間を超える時間外労働に対する残業代（割増賃金）は、労基法によって使用者に支払いが義務づけられているものです。

そして、労基法13条では、「この法律で定める基準に達しない労働条件を定める労働契約は、その部分については無効とする。この場合において、無効となった部分は、この法律で定める基準による。」と定めています。

したがって、**「深夜労働・法定休日労働・時間外労働をさせても、残業代（割増賃金）は請求しない（支払わない）」というような合意（契約）は、「無効」になるのです**（労基法13条）。

もちろん、「契約書」や「就業規則」にそのように書いてあったとしても、法的な効力はありません。

2．「基本給に残業代を含む」合意とは？

もう1つ社長（使用者）の言い分は、「残業代（割増賃金）は、基本給に含まれており、支払い済みだ」というものです。

| 3-1 | 「残業代が出ない」という労働契約??

このようなケースについては多くの裁判例があります。具体的な判断基準は裁判官によって微妙に異なる部分もあるものの、総じて、「基本給に残業代が含まれている」という使用者側の主張は、そう簡単には認められません。

3. 残業代とそれ以外が明確に区分できなければならない（明確区分性の要件）

まず、すべての裁判例に共通する基本的な考え方は、「残業代が基本給に含まれている、と言えるためには、雇用契約書や就業規則の記載などから、基本給のうちいくらが残業代として支給されているのか、あらかじめ明確になっていなければならない」というものです。

たとえば、契約書に「基本給30万円のうち、5万円を時間外手当として支給する」と書いてあれば、5万円が時間外労働に対する賃金で、25万円が通常の労働時間に対する賃金であるとひと目で分かります。

しかし、「基本給30万円には時間外労働に対する手当を含む」と書いてあるだけでは、30万円のうちいくらが時間外労働に対する賃金で、いくらが通常の労働時間に対する賃金なのかが分かりません。その結果、このような契約のもとで仮に30万円が支払われているとしても、労基法で定められた割増賃金がきちんと支給されているといえるのかどうか、検証できません。

このように、労基法が守られているかどうかを客観的にきちんと検証できないような「合意」は、許されないのです。

89

第3章 残業代についてのよくある誤解

4.「不足額があれば清算する」という合意・実態があったか？

　たとえば、契約書に「基本給30万円のうち、5万円を時間外手当として支給する」という記載がある場合について考えてみましょう。

　まず、基本給25万円の会社で30時間の時間外労働をした場合、本来、残業代は次のように計算されます（月平均所定労働時間は170時間とします。詳しい計算方法については第1章と第2章を参照してください）。

　この場合の時間単価は250,000円÷170時間≒1,471円となりますので、これをもとに計算すると残業代は1,471円×30時間×125%≒55,163円となります。

　そうすると、「基本給30万円のうち、5万円は時間外手当とする」という契約の場合、労働者は、本当は5,136円だけ残業代をもらい損ねていることになります。にもかかわらず、なまじ「時間外手当として5万円が含まれている」と説明されているために、労働者は「残業代はすべて5万円に含まれているのだろう」と勘違いをさせられるおそれが高いともいえます。

　そこで、裁判例の中には、「基本給に時間外手当を含んで支給する」という合意（契約）が有効であるための要件として、3で述べた明確区分性の要件に加えて、「賃金支払いのつど、使用者側で不足額の有無を確認し、不足額があればその差額をきちんと支払う（清算する）」と合意しておくとか、実際にそのような清算を行っている、といった事情のあることが必要だ、ということを述べるものがあります。

| 3-1 | 「残業代が出ない」という労働契約??

5.「時間外手当」分の金額が大きすぎないか？

　最近、従業員に異常な長時間労働を強いる会社（いわゆる「ブラック企業」）の中には、見かけ上の給与水準を良く見せるため、実質的には最低賃金ぎりぎりの賃金水準であるにもかかわらず、異常な長時間（1か月に80時間とか、100時間など）の残業手当相当分を基本給に組み込んでいるケースも見られます。

　たとえば、「基本給28万円」としておきながら、その中には"12万円分の時間外手当が含まれている"、というようなケースです。仮に月平均所定労働時間が170時間だとすると、このケースで12万円というのは、100時間分の時間外労働に対する残業代をさらに上回る金額になります。

　つまり、月給の28万円から時間外手当分とされる12万円をひいた16万円を170時間で割ると941円が残業代の時間単価となります。そして、941円で時間外に100時間働いた場合の金額は1.25倍となりますので、117,625円が残業代ということとなり、12万円よりも低い金額となります。

280,000円－120,000円（時間外手当相当分）＝160,000円
　　　　　　　　　　……残業代計算の基礎となる賃金
160,000円÷170時間≒941円……時間単価
941円×1.25×100時間＝117,625円
117,625円＜120,000円

　このように、基本給に占める時間外手当の割合があまりにも大きい場合には、そのような合意そのものが労働者に異常な長時間労働を強いる根拠とされかねません。

第3章 残業代についてのよくある誤解

したがって、具体的な事情によっては、そのような合意そのものが公序良俗に反して許されない（無効である）、と判断される場合があり得ます。

- 入社時に交わした「残業代は出ない」という合意は無効。

- 「基本給に残業代は込み」という合意が認められるためには、基本給の中で、残業代の部分がそれ以外の部分と明確に区分されていること（明確区分性）が必要。明確区分性には問題がなくても、不足分の清算に関する合意や実態・金額のバランスなどの事情に問題があれば、合意が無効とされる可能性もある。

- 会社から「残業代は出ない契約」「残業代は基本給に含まれている」などと言われても、鵜呑みにせず、まずは専門家に相談してみることが大切。

3-2 「○○手当」は残業代?

相談者Cさんの場合
確かに「職務手当」をもらっていますが……残業代はもらっていません。

勤め先の社長に、思い切って「残業代が未払いになっていると思います」と言ったところ、社長から、「確認してから回答する」と言われ、その数日後に回答があったのですが、どうもおかしいんです。

どんな回答だったんでしょうか?

「給与明細を見てみろ。『職務手当』として毎月3万円が支払われているだろう? それが残業代だよ」と言われました。入社して何年も経ちますが、そんなこと、今まで聞いたこともなかったんですが……。
これが雇用契約書と就業規則です。

……なるほど。雇用契約書や就業規則を見る限り、「職務手当」が残業代の趣旨で支払われているとはどこにも明記されていませんね。

本当に社長が職務手当を残業代の趣旨で支払っていたのであれば、質問されてその場で即答できなかったのは、おかしいと思うんですよね……。

93

第3章 残業代についてのよくある誤解

そのとおりです。
「職務手当が残業代である」といえるためには、少なくとも、契約時にそのことが明確に合意されていなければなりません。
そのような合意もないのに、会社が後付けで「職務手当は実は残業代でした」と言ったとしても、そのような主張は認められません。

 そうなんですね！ 安心しました。

では、詳しく見ていきましょう。

1．固定残業代制度とは？

　そもそも、労基法の定める割増賃金は、毎月、その月ごとの時間外・休日・深夜労働の実際の時間を踏まえて計算して支給するのが原則です。したがって、その金額は通常、月によって異なるはずです。

　しかし、会社が毎月定額の金額を割増賃金として支給すること自体は禁止されていません。

　たとえば、ほぼ毎月、決まって15〜20時間程度の時間外労働が発生している職場で、"毎月、20時間分の割増賃金に相当する金額を必ず支給する"といったケースです。これが本来の「固定残業代」です。

　多くの従業員がいる職場では、一人ひとりの残業代を毎月1円単位で正確に計算するのは会社にとって手間がかかりすぎる、と考える経営者もいるようです。そのような経営者にとっては、毎月定額の支給にしておけば事務処理上の手間が省けるというメリットがあるといえます。他方、従業員にとっても、本来の割増賃金額と同じか、それを超える金額が毎月必ず支給されるのであれば、不利益はありません。したがって、使用者が、このような「固定残業代」制度を採用すること自体は、違法ではありません。

　ところが、残業代請求の実際の場面では、この「固定残業代」制度をめぐって、会社側と従業員側の主張が激しく対立することがあります。それはなぜでしょうか？

第3章 残業代についてのよくある誤解

2.「固定残業代」が紛争の原因になる理由

　月給制の場合、月1回の給与支給日に、会社から「給与明細書」を受け取るはずです。

　「固定残業代」をめぐって紛争が生じやすいのは、その給料明細書の「支給」欄に、「基本給」とは別に「職務手当」や「管理職手当」「役職手当」「営業手当」「報償手当」など、さまざまなネーミングの「手当」が支給されているケースです。

　たとえば、基本給が180,000円で職務手当20,000円、役職手当が20,000円といった場合です。

　紛争になるケースの多くは、入社時にこれらの「手当」が時間外労働などの対価であると明確に説明がされていません。

　当然ながら、労働者の側も、このような「手当」が残業代であるとは理解していません。にもかかわらず、いざ、労働者が会社に残業代を請求すると、会社は「○○手当は、（実は）残業代として支払われていたものだったのですよ」と主張し始めます。

　労働者からすれば、「え？　そんなことは聞かされていなかった！」となりますので、必然的に紛争になってしまうのです。

3.「○○手当」は固定残業代か否か？　どちらになるかで大違い！

　「○○手当は（実は）残業代として支払われていた」……この会社の主張が認められるかどうかは、単に感情的な対立の問題ではなく、残業代請求をした場合、最終的に受け取れる残業代の「金額」に大きな差異をもたらします。

　なぜなら、会社の主張が認められれば、○○手当の部分は基本

96

| 3-2 | 「○○手当」は残業代？

給には含まれないため、そもそも残業代の計算の基礎単位になる「1時間あたりの単価（時間単価）」が変わってくることになります（詳細は第2章を参照）。

さらに、仮に会社の主張が認められると、「○○手当」の金額については残業代として支払い済みであるということになってしまうので、残業代の「既払い額」が大きくなってしまいます。

（例）「基本給17万円、職務手当2万円」というケースで、ある月に30時間の時間外労働をした場合、未払い残業代の額はいくらになるでしょうか？
（月平均所定労働時間は170時間とします）。

〈職務手当が固定残業代とは認められない場合〉

190,000円（基本給170,000円＋手当20,000円）を月平均所定労働時間の170時間で割った1,118円が時間単価となりますので、この1,118円を1.25倍して時間外労働の30時間を掛けると41,925円となり、これが未払い残業代となります。

計算式

（170,000円＋20,000円）÷170時間≒1,118円
1,118円×1.25×30時間＝41,925円

〈職務手当が固定残業代と認められる場合〉

基本給の170,000円を月平均所定労働時間の170時間で割った1,000円が時間単価となります。

これを1.25倍して時間外労働分の30時間を掛けると37,500円となり、そこから20,000円を引いた17,500円が未払い残業代となります。

第3章 残業代についてのよくある誤解

計算式

170,000円 ÷ 170時間 = 1,000円

1,000円 × 1.25 × 30時間 = 37,500円

37,500円 − 20,000円 = 17,500円

いかがでしょうか？ 職務手当の20,000円が「固定残業代」なのか否かによって、かなりの金額の差異が生じることをおわかりいただけたと思います。

4．疑問を感じたら専門家に相談を！

実は、「○○手当」が固定残業代にあたるのかどうか、という問題については、日々、新しい裁判例などが積み重ねられていますが、まだ裁判所全体の判断基準も完全に固まっているとは言い難いところがあります。そのため、微妙なケースについては、私たち専門家でも、裁判となった場合の結論の予測が難しい場合があります。

この本は一般の方向けの本ですので、次の「5」では、具体的な判断基準についての「さわり」を触れる程度に説明しておきます。

「○○手当は残業代だ」という会社の説明に疑問を感じたら、残業代請求を多く取り扱っている弁護士など、専門家に相談されることをお勧めします。

5．「○○手当」が固定残業代か否か、どのように判断される？（参考）

「○○手当は固定残業代である」という会社の主張が正しいか

| 3-2 | 「○○手当」は残業代？

どうかを判断するためには、「その『手当』は本当に残業代の代わりとして支払われているのか？」を検討する必要があります。

　まずは、雇用契約書や就業規則（・賃金規程）などにおいて、その「手当」が残業代の趣旨で支給されていることが明記されているか、ということを確認しなければなりません。

　もし、そのような記載がどこにも見当たらないのであれば、「手当」を残業代の代わりに支払う、ということについてそもそも同意（契約）が成立しているとは言えず、会社側の主張は成り立たない可能性が高いでしょう。

　次に、仮に契約書や就業規則（・賃金規程）などにおいて、形式的に「○○手当は残業代として支払う」などと記載されていたとしても、実際の支給の実態から見て、それが時間外労働に対する対価として支払われていたとは言えない場合には、会社側の主張は認められない可能性があります。

　たとえば、労働条件通知書や賃金規程で、「報償手当」について「時間外労働等に対する割増賃金の意味を有する」との記載がされていたケースで、実際の支給実態に照らすと、「報償手当」は「業績・功績に対する報酬の性質を含むものであった」として、残業代の既払いとは認めなかった裁判例があります[1]。

　また、「不足額について当該賃金の支払時期に清算するという合意か、少なくともそうした取扱いが確立していることが必要」とした裁判例[2]や、基本給が固定残業代とされる諸手当の金額に比べてあまりにも低額であることなどを疑問視して会社側の主張を退けた裁判例[3]もあります。

（1）ワークフロンティア事件・東京地裁平成24.9.4
（2）イーライフ事件・東京地裁平成25.2.28
（3）トレーダー愛事件・京都地裁平成24.10.16

99

第3章 残業代についてのよくある誤解

- 「○○手当は残業代として支給されている」という使用者側の主張
  - →雇用契約書や就業規則にそのようなことが明記されているか？
  - →明記されていなければ使用者の主張は通らない。

- 雇用契約書などに一見それらしい記載があるケースでも、あきらめない。
  - →支給の実態、不足額清算の合意・実態の有無、金額のバランスなどによっては使用者側の主張が否定される可能性もある。

- 疑問を感じたら、あきらめずに専門家に相談を！

3-3 管理職には残業代が出ない？

相談者Dさんの場合

店長になったら残業代はもらえないのでしょうか??

チェーン店のラーメン屋で店長として働いてますが、毎日遅くまで働いているので残業代についてお聞きしたいのですが……。

ラーメン屋さんの店長をされているのですね。1日にどのくらい働いているのですか？

毎日午後3時頃に仕込みを初めて、営業時間中は厨房に立ち、閉店後の片付けが終わる夜中の2時頃まで働いています。

なるほど。残業代はまったく出ていないのですか？また、仕込みから閉店後の片付けまで毎日ずっと店舗にいなければならないのですか？

はい。先日、社長に残業代を請求したのですが、「君は店長で、管理監督者だから、残業代は発生しない」と言われてしまいました。
アルバイトをもっと採用したいんですが、毎月の人件費を一定額以下に抑えるように社長から言われている

ので、自分が店に出て厨房に立たないと、お店がまわらないんです。

管理監督者、ですか……。店長には、どの程度の権限があるのですか？　たとえば、アルバイトの時給などは誰が決めているのでしょうか？　また、正社員の採用には関わっていますか？

 自分の店舗で、アルバイトを採用する権限はあります。アルバイトの勤務シフトも私が作っています。
時給は勤続年数によって会社が決めた基準があります。私がそれを無視して昇給させるようなことはありません。
正社員は全員、社長が自分で面接して採用した人で、私自身は正社員の採用に関わったことはありません。

わかりました。では、メニューの開発や仕入先の決定についての権限はありますか？

 社長からの指示で、新メニューを考えることもありますが、実際に店で出すときは必ず社長の承認を得ています。
仕入先については、会社が指定した業者がいるので、勝手に変更はできません。

お話を聞いていると、とても「管理監督者」とは言えそうにないですね。

| 3-3 | 管理職には残業代が出ない？

1．管理監督者とは

　残業代請求に対する使用者側の「反論」としてよく見られるのが、「管理監督者にあたるから割増賃金は発生しない」というものです。

　管理監督者とは、正確には「事業の種類にかかわらず監督若しくは管理の地位にある者」（労基法41条2号）のことで、これにあたる場合には、時間外労働や法定休日労働をしても、割増賃金は発生しないとされています（ただし、深夜労働についての割増賃金は発生します）。

2．「管理職＝管理監督者」ではない！

　しかし、ここで注意しなければならないのは、**「管理監督者」は、いわゆる「管理職」とは違う**ということです。

　「管理監督者」と言えるためには、非常に厳しい要件をクリアする必要があり、使用者側が「管理監督者にあたる」と主張しても、裁判でその主張が認められるケースは、実際にはそれほど多くないのです。

　したがって、もし、あなた自身が使用者から「あなたは管理監督者だから割増賃金は発生しない」と言われても、決して鵜呑みにせず、弁護士など専門家に相談することをおすすめします。

第3章 残業代についてのよくある誤解

3.「管理監督者」といえるためには厳しい要件がある

では、具体的にどのようなケースであれば、「管理監督者」にあたると言えるのか、見てみましょう。

そもそも「管理監督者」とは、「労働条件の決定その他労務管理について経営者と一体的な立場にある者」を指すと解釈されています[1]。

管理監督者にあたるかどうかは、名称にとらわれず、実態に即して判断されます。つまり、「店長」「支社長」「部長」など、いかに立派な肩書きを付けていたとしても、意味がないということです。大切なのは、あくまで「実態」です。

そして、裁判所では、次の3つの基準を満たす場合に限り、「管理監督者」にあたると判断されています。

① 事業主の経営に関する決定に参画し、労務管理に関する指揮監督権限を認められていること
② 自己の出退勤をはじめとする労働時間について裁量権を有していること
③ その地位と権限にふさわしい賃金上の処遇が与えられていること

要するに、管理監督者とされる人は、事業主の経営方針の決定に参加できるほどの幹部クラスの従業員であり、部下の人事考課や昇給・処分を決定することができ、いつ出勤・退勤するかは自由裁量に任されており、かなり高額の給与の支払いを受けているような労働者、と言ってよいでしょう。

(1) 昭和22年9月13日基発第17号、昭和63年3月14日基発150号

| 3-3 | 管理職には残業代が出ない？

- 管理職でも残業代は請求できる。
- 「管理職」と「管理監督者」は異なる。
- 「管理監督者」と認められるためには厳しい要件がある。
- 仮に「管理監督者」と認められても、深夜労働の割増賃金は請求できる。

第3章 残業代についてのよくある誤解

3-4 年俸制だから残業代は出ない？

相談者Eさんの場合

年俸制で働いている場合はどうなりますか？

私は会社から「年俸制だから残業代は出ない」と言われているのですが、本当ですか？

しばしば誤解されていることが多いのですが、「年俸制だから残業代（割増賃金）が発生しない」というのは誤りです。
「年俸制」は、賃金（給料）の額を「1年あたり○円」と決めているに過ぎず、年俸制をとったからといって、使用者が割増賃金の支払義務（労基法37条）を免除されるわけではありません。

しかし、「年俸600万円には、時間外手当が含まれている」と契約書に書いてあるのですが、こんな場合はどうでしょうか？

年俸の中には割増賃金が含まれて支給済みである、と言えるためには、年俸の内訳として、「割増賃金として支給される部分」と「通常の賃金として支給される部分」とが区分されている必要があります。
単に「時間外手当が含まれている」とだけ書いてあっ

ても、具体的に600万円のうちのいくらが時間外手当なのかが分かりませんので、そのような要件を満たしていません。

年俸制の場合、具体的に割増賃金はどんな風に計算するのですか？

たとえば、「年俸600万円」と合意している場合であれば、600万円÷12＝50万円なので、「月給50万円」の場合と同じように計算します。
なお、月給制の場合、あらかじめ支給額が確定していない「賞与」（ボーナス）は計算の基礎に含まれませんが、年俸制の場合には、あらかじめ支給額が確定している給与額はすべて計算の基礎に含まれますので、注意してください。

では、年俸制でもあきらめなくていいのですね！

安心してください。
では、詳しく見ていきましょう。

第3章 残業代についてのよくある誤解

1. 年俸制とは？

年俸制とは、年間の賃金総額や支給方法について、あらかじめ使用者と労働者が合意しておく制度のことです。**年俸制であっても、残業代は発生します。**

仮に「年俸制の従業員には時間外労働・深夜労働・休日労働の割増賃金は支給しない」などと契約書や就業規則に定められていたとしても、労基法37条に違反するため、無効になります。

2. 年俸制の場合の残業代の計算

たとえば、「年俸600万円」と契約して、これを12（か月）で割って1か月につき50万円ずつ支給されているという場合、月給制で「月給50万円」を支給されている労働者の場合と同じように残業代を計算します。

3.「賞与」らしく見える金額の取り扱いには注意が必要

ところで、通常の月給制の場合、支給額があらかじめ確定していない「賞与」（ボーナス）は、除外賃金（労基則21条5号）にあたり、割増賃金の計算の基礎には含めません（第2章-2「除外賃金」参照）。

しかし、年俸制の場合には、一見「賞与」のように見えても、支給

| 3-4 | 年俸制だから残業代は出ない？

金額があらかじめ確定しているのであれば、除外賃金にはあたりませんので、割増賃金の計算の基礎に含めなければなりません[1]。

たとえば、「年俸600万円」と契約しているケースで、その16分の1（37万5,000円）が毎月支給され、夏と冬に16分の2（75万円）ずつ支払われているという場合があります。この場合、一見すると、夏と冬の各75万円は賞与（ボーナス）のように見えるのですが、支給金額があらかじめ確定しているので、月給制の場合の賞与とは性質が異なります。

このケースでは、残業代は「月額37万5,000円」ではなく、年俸総額の12分の1、すなわち「月額50万円」を基礎にして計算するのです（仮に、各75万円について、「賞与」などと名前がつけられていたとしても、結論は同じです。除外賃金に該当するかどうかは、名称ではなく実質で判断されるのです）。

ここを誤解して計算すると、残業代の金額が本来の額より大幅に減ってしまって損をしますので、注意してください。

【例】年俸をボーナス含む6,000,000円とした場合

①375,000円×12か月＝4,500,000円

②750,000円（ボーナス）×2回＝1,500,000

①＋②＝6,000,000

6,000,000円÷12＝500,000円　←割増賃金計算の基礎となる
　　　　　　　　　　　　　　　　　　月給額

500,000円÷月平均所定労働時間＝時間単価

第3章 残業代についてのよくある誤解

4.「年俸には残業代が含まれている」と主張されたら？

　使用者から「年俸の中には時間外労働に対する手当も含まれている」と主張されることもあります。

　しかし、そのような主張が成り立つためには、少なくとも契約書や就業規則などによって、時間外手当として支払われている金額が他と明確に区分されていなければなりません[2]。

　つまり、単に「年俸600万円、ただし時間外手当を含む」ではダメで、少なくとも、「年俸600万円、ただしそのうち100万円は時間外手当として支給する」のような形で、明確にされていなければならないということです。

　詳しくは、第3章−1や、第3章−2をご覧ください。

（1）平成12.3.8基収78号
（2）最高裁平成29.7.7判決

- 年俸制であっても残業代は発生する。
- 年俸制の場合、「賞与」も支給額があらかじめ確定していれば、残業代計算の基礎に含める。
- 年俸の中に残業代が含まれている、といえるためには、残業代に該当する金額が明確に区分されていることが必要。

| 3-5 | みなし労働時間制①（事業場外みなし労働時間制）

3-5 みなし労働時間制①
（事業場外みなし労働時間制）

相談者Fさんの場合
外回りの営業職なのですが残業代はどうなりますか？

 営業職のため外回りに出ることが多いのですが、社長からは「営業職には、残業代は出ない」と言われています。本当なのでしょうか？

「営業職だから」というだけの理由で、残業代が発生しないということはありません。従業員が事務所や営業所の外で働く場合（「事業場外労働」）で、使用者にとって「労働時間を算定し難いとき」に、所定労働時間だけ働いたものと「みなす」ことを認める制度がありますが、それが適用されるための要件は非常に厳格です。

 もし、その制度が適用されると、どうなるのですか？

原則として、所定労働時間だけ働いたものとみなされます。たとえば、所定労働時間が8時間の会社で、この制度が適用されると、現実には9時間働いたとしても、8時間だけ労働したものとみなされます（労基法38条の2第1項本文）。[1]

第3章 残業代についてのよくある誤解

 では、その制度が適用されると、残業代は全く発生しないのですね？

いえ、「みなし」の効果は、労働時間の「長さ」を一定とみなすだけです。したがって、労働時間の「長さ」ではなく、「時間帯」や「休日」に関する規制は通常通り適用されます。つまり、深夜労働や法定休日労働をした場合には、それに見合った残業代（割増賃金）が発生します。

 そもそも、どのような場合に、「労働時間を算定し難い時」にあたると認められるのですか？

業務の性質・内容、業務に関する使用者からの指示、労働者からの報告の方法・内容などの具体的な事実関係に即して、「労働者の勤務の状況等を使用者が具体的に把握することが困難である」と言えるような場合です[2]。営業職の方は、携帯電話やスマートフォンを常に所持し、電源を入れておくよう指示されているケースが多いでしょうが、そのようなケースであれば「労働時間を算定し難い時」には該当しないと考えられます。

---

(1) ただし、当該業務の遂行のために通常所定労働時間を超えて労働することが必要となる場合には、当該業務の遂行に「通常必要とされる時間」だけ労働したものとみなされます（労基法38条の2第1項但し書き）。たとえば、所定労働時間が8時間の会社で、事業場外労働に従事する従業員がおり、仮に「労働時間が算定しがたいとき」の要件を満たす場合でも、その従業員の担当している業務の内容からして、通常10時間が必要である、という場合には、8時間ではなく、「10時間労働したもの」とみなされます。
(2) 阪急トラベルサポート（派遣添乗員・第2）事件（最高裁平成26.1.24）参照。

| 3-5 | みなし労働時間制①（事業場外みなし労働時間制）

1．「みなし労働時間制」とは

これまで見てきたように、残業代は、実際に働いた労働時間（実労働時間）に応じて発生するものです。したがって、使用者は労働者一人ひとりの残業代を1分単位で正確に計算して支払わなければならないのが原則です。

ところが、労基法では、以上の原則に対する「例外」の制度が定められています。それが「みなし労働時間制」というものです。

みなし労働時間制とは、実際の労働時間の長さとは関係なく、一定の時間労働したものを「みなす」ことを認める制度のことです。

この制度が適用されると、たとえば、実際に働いたのが1日3時間でも、10時間でも、あらかじめ定められた時間だけ働いたものとみなされます。はじめに「1日の実労働時間は8時間とみなす」と定められていれば、実際には8時間を超えて働いたとしても、時間外労働に対する割増賃金は1円も発生しません（ただし、「みなし労働時間制」は、実労働時間の「長さ」を一定とみなすだけなので、「みなし労働時間制」が適用される場合でも、法定休日労働や深夜労働をした場合には、それに対する割増賃金が発生します）。

2．みなし労働時間制には2種類ある

みなし労働時間制には、大きく分けると、次の2種類があります。

第3章 残業代についてのよくある誤解

> ①事業場外労働についての「みなし労働時間」制度（労基法
> 38条の２）
> ②裁量労働制の「みなし労働時間」制度（労基法38条の３、４）

　この項目では、①の「事業場外労働のみなし労働時間制」について解説します（②については第３章－６で解説します）。

３．事業場外労働についての「みなし労働時間制」とは？

（１）どんな職種・業務に適用される？

　営業職やセールスマンの外勤業務など、労働者が事業場（会社）の外で就労する場合、その実労働時間を使用者が把握することは物理的に困難な場合があります。

　そこで、労基法では、「労働者が労働時間の全部または一部について事業場外で業務に従事した場合」で、「労働時間を算定しがたい」ときは、「所定労働時間労働したものとみなす」と定めています。

（２）適用される要件は？

　この制度が適用されるのは、客観的にみて労働時間の算定が困難であり、使用者の具体的な指揮が及ぼされない例外的な場合に限られます。

　事業場外の労働であっても、労働時間を算定できる場合には、この制度を適用することは認められません。

　行政解釈（昭和63.1.1基発１号）では、事業場外の労働であっても、次のような場合には労働時間の管理が可能なので、みなし労働時間制度の適用はないとされています。

| 3-5 | みなし労働時間制①（事業場外みなし労働時間制）

①何人かのグループで事業場外労働に従事する場合で、その
　メンバーの中に労働時間を管理する者がいる場合
②事業場外で業務に従事するが、無線、ポケットベルなどで
　随時使用者の指示を受けながら労働している場合
③事業場において、訪問先、帰社時刻など当日の業務の具体
　的指示を受けた後、事業場外で指示通りに業務に従事し、
　その後事業場に戻る場合

　この行政解釈は1988年（昭和63年）に出されたものですので
「無線、ポケットベル」が出てきますが（②）、携帯電話やスマート
フォンによって随時指示を受けている場合なら、「労働時間の
管理が可能」と言えることは、よりいっそう明らかでしょう。
　したがって、現在では、「携帯電話の普及によって、労働時間
の算定が困難になる場面は相当少なくなったと思われる」（西谷
敏「労働法」第二版、309頁）と言われています。

第3章 残業代についてのよくある誤解

ここが　ポイント

- 「みなし労働時間」は、実際の労働時間の長さにかかわらず、あらかじめ定められた時間だけ労働したものと「みなす」制度。

- みなし労働時間が適用されると、時間外労働に対する割増賃金は、あらかじめ定められた時間分しか発生しないことになる（ただし、深夜労働・法定休日労働に対する割増賃金は発生する）。
  →長時間労働の温床になるおそれがある。

- 「みなし労働時間制」には、①事業場外労働のみなし労働時間制度、②裁量労働制のみなし労働時間制度、の2種類がある。

- ①事業場外労働のみなし労働時間制は、事業場外での業務について「労働時間が算定しがたいとき」にのみ認められるが、現在は携帯電話やスマートフォンが普及しており、「労働時間が算定しがたい時」にあたるのは例外的なケースと考えられる。

3-6 みなし労働時間制②（裁量労働制）

相談者Gさんの場合

会社から裁量労働制と言われていますが残業代はどうなりますか？

IT関連の会社で働いているのですが、「システムエンジニア（SE）は裁量労働制だから」という理由で、どれだけ残業しても、1日1時間分しか残業代がもらえません。
これって仕方がないことなんでしょうか？

「裁量労働制」による「みなし労働時間」制が適用される業務は限られています。
形式上、対象業務としているような名称をつけていても、仕事の進め方に裁量が無いなど、実質的に対象業務に該当しないケースでは、適用は認められません。
また、裁量労働制の導入には厳格な手続きが定められていますので、詳しく検討するとその手続きが守られていないというケースも珍しくありません。
裁量労働制が適法に適用されていなければ、実際に働いた時間に応じた残業代を請求することが可能です。

本当ですか？
詳しく教えて下さい！

第3章 残業代についてのよくある誤解

1．裁量労働制とは

　裁量労働制とは、「みなし労働時間制」の1つです。この制度のもとでは、仮に「1日の労働時間は8時間とみなす」と定められていれば、実際には1日に8時間を超えて働いたとしても、その日の実労働時間は「8時間」とみなされるため、時間外労働に対する割増賃金（残業代）は発生しないことになります。

（注）ただし、裁量労働制が適用される場合でも、週1日の休日は保障しなければならないとされているので、休日労働については割増賃金を請求することができます。さらに、労働が深夜（午後10時～午前5時）に及んだ場合には、深夜割増賃金についても請求することができます。

　前に見た「事業場外労働のみなし労働時間制」（第3章－5）は、労働者が事業場外で労働するため、実労働時間の把握が物理的に困難である、という現実的な必要性から例外的に認められた制度でした。

　これに対して、「裁量労働制」のほうは、どちらかといえば経営者側のニーズに応えて政策的に導入された性格の強い制度です。このため、必ずしも労働時間の把握が困難ではない業務についても認められています。

　現在、裁量労働制には、次の2種類があります。

①専門業務型裁量労働制（労基法38条の3）
②企画業務型裁量労働制（労基法38条の4）

| 3-6 | みなし労働時間制②（裁量労働制）

２．裁量労働制の問題点

　裁量労働制は、業務の性質上、その遂行の方法を大幅に労働者に委ねる必要があるため、業務遂行の手段や時間配分の決定などに関して使用者が具体的な指示をすることができない業務や、そのような指示をすることがふさわしくない業務についてのみ認められているというタテマエになっています。

　当初、1987年に専門性の高い業務に限って導入されていましたが（専門業務型裁量労働制）、1998年に「企画業務型裁量労働制」が追加して導入され、適用範囲が広げられました。

　この制度に対しては、「労働者が定められた時間にしばられず、自分の計画に従って自由に労働できる新たな形態」などとして肯定的に評価する考え方もありますが、実は大きな問題を含んでいます。

　「仕事の処理スピードは誰にも負けない！」という自信家の方なら、「３時間で仕事を片付けて帰っても、８時間分の給料がもらえるんでしょう？　夢のような良い制度ですね！」と思われるかもしれません。

　しかし、考えてみてください。労働者は通常、使用者から命じられた仕事を断ることができません。仕事の量や期限を決めるのも使用者です。また、仕事というのは完全に自分１人だけでできるものではなく、たいていは、グループやチームで一定の目標に向かって進めてゆくものです。そうすると、「業務遂行の手段」や「時間配分の決定」について、本当に個々の労働者が裁量を持つことなどありうるのだろうか？　という疑問が湧いてきます。

　一方、使用者から見ると、いくら長時間労働をさせても残業代を支払う必要がないのですから、いわば「定額働かせ放題」の制

第3章 残業代についてのよくある誤解

度といえます。仕事はたっぷり命じたいが、人件費は抑えたい、という使用者にとってみれば、ありがたい制度でしょう。

このように、裁量労働制は、一歩間違えば、労働者にとって「際限なく長時間労働を強制されるのに、それに見合った残業代は支払われない」というリスクのある制度です。

実際、あるアンケート調査※では、専門業務型裁量労働制の適用を受けて働いている労働者の約3割、企画業務型裁量労働制の適用を受けて働いている労働者の約2割が、制度の適用を受けることに不満がある（「やや不満がある」を含む）と回答しており、具体的な不満点をみると、「労働時間（在社時間）が長い」（専門業務型 51.9％、企画業務型 45.1％）、「業務量が過大」（専門業務型 49.4％、企画業務型 40.0％）、「給与が低い」（専門業務型 44.8％、企画業務型 31.1％）などを挙げています。

※独立行政法人 労働政策研究・研修機構「裁量労働制等の労働時間制度に関する調査結果 労働者調査結果」2014年6月30日発表

3．専門業務型裁量労働制とは？

（1）対象業務が限定されていること

この制度を適用できる業務は、労基則（24条の2の2第2項）などで、細かく限定されています。

たとえば、「主として研究に従事する大学教員の教授研究」は、対象業務とされています。研究をメイン業務とする大学教員は、大学に「雇用」されていますが、少なくとも研究の内容や方法について、大学から「こんな研究をしなさい」とか、「こういうやり方で研究しなさい」と指示されることは、基本的にないでしょう。

仕事の中心は「研究」ですから、研究室にいた時間が1日1時

| 3-6 | みなし労働時間制②（裁量労働制）

間だけであっても、24時間研究室に寝泊まりして研究に没頭していたとしても、一律で「1日○時間働いたものとみなす」と決めておくことには、いちおう合理性があると考えられているのです。

次に、専門業務型裁量労働制の対象業務の一覧を示しておきます（**参考1**）。

参考1　対象業務一覧

（1）　新商品・新技術の研究開発、人文・自然科学に関する研究の業務

（2）　情報処理システムの分析・設計の業務

（3）　新聞・出版の記事の取材・編集、放送番組の制作のための取材・編集の業務

（4）　衣服、室内装飾、工業製品、広告等の新たなデザインの考案の業務

（5）　放送番組、映画等の制作の事業におけるプロデューサー又はディレクターの業務

（6）　コピーライターの業務

（7）　システムコンサルタントの業務

（8）　インテリアコーディネーターの業務

（9）　ゲーム用ソフトウェアの創作の業務

（10）　証券アナリストの業務

（11）　金融工学等の知識を用いて行う金融商品の開発の業務

（12）　大学における教授研究の業務（主として研究に従事するものに限る。）

（13）　公認会計士の業務

（14）　弁護士の業務

（15）　建築士（一級建築士、二級建築士及び木造建築士）の業務

（16）　不動産鑑定士の業務

（17）　弁理士の業務

（18）　税理士の業務

（19）　中小企業診断士の業務

第3章 残業代についてのよくある誤解

　ところで、実務上問題になることが多いのが、「システムエンジニア（SE）」です。

　このとおり、専門業務型裁量労働制の適用対象にできる業務の中には、「情報処理システムの分析または設計の業務」というものが定められています。IT関連の企業では、これを根拠として、「SEにはみなし労働時間制を適用する」としているところが多いようです。

　しかし、前述した大学教員の働き方をイメージしていただければ分かるとおり、「情報処理システムの分析または設計の業務」として予定されているのは、本来、業務を進める上で上司や会社からあれやこれやと細かな指示を受けることがない（業務遂行についての裁量が大きい）仕事のことなのです。

　したがって、単にプログラムの設計・作成を行っているだけの労働者（プログラマー）は、SEとはいえません[1]。また、プログラムの分析・設計業務を担当していた労働者について、本来のSE業務以外の業務（営業など）も相当程度こなしていたことや、「SE」としては上司や会社に指示された仕事を納期に追われながら必死になって処理していたこと（裁量性が少ない）、といった事情から、専門業務型裁量労働制は適用されないと判断した裁判例もあります[2]。

　このような「名ばかりSE」であれば、たとえ形式的に「裁量労働制」の形態をとっていたとしても、労働時間の「みなし」効果は発生しませんので、実際の労働時間に基づいて計算した割増賃金（残業代）を請求できることになります。

（2）導入手続
　また、専門業務型裁量労働制の導入には、手続面でも厳格な手

| 3-6 | みなし労働時間制②（裁量労働制）

続が要求されています。

　法で定められた手続をすべて満たしていなければ、労働時間の「みなし」効果は発生せず、実際の労働時間に基づいて計算した割増賃金（残業代）を請求できることになります。

　労使協定とは、事業場の労働者の過半数を代表する者（もしくは労働組合）と使用者とが書面で結ぶ協定のことです。労使協定は、事業場ごとに締結される必要があります。

〈専門業務型裁量労働制（労基法38条の３）の導入の手続き〉

① 労使協定の締結

　次の６つの事項につき、事業場ごとに労使協定を締結しなければなりません（**参考２**）。

　もし、その事業場に、労働者の過半数で組織する労働組合があれば、その労働組合が協定を結ぶ権限を持ちます。

　一方、そのような労働組合がなければ、労働者（ただし管理監督者に該当する労働者は除く）の中から代表者１人を選ぶ必要があるのですが、その「選び方」については、労基法施行規

参考２

1号　対象業務

2号　みなし労働時間

3号　業務の遂行の手段及び時間配分の決定等に関し、労働者に具体的な指示をしないこととすること

4号　健康福祉確保措置

5号　苦情処理措置

6号　厚生労働省令で定める事項（労使協定の有効期間、健康福祉確保措置、苦情処理措置に関する記録を有効期間満了後３年間保存すること）

123

第3章　残業代についてのよくある誤解

則6条の2で、「法に規定する協定等をする者を選出すること
を明らかにして実施される投票、挙手等の方法による手続によ
り」選出するものと決められています。

　実際には、この「投票、挙手等の方法」の手続きがきちんと
行われておらず、会社から指名された労働者がそのまま過半数
代表者として労使協定にサインしているようなケースも多いよ
うですが、そのような方法では、有効に締結された労使協定と
はいえません。

　なお、使用者は、締結した労使協定を所轄の労働基準監督署
に届け出なければならないとされています（労基法38条の3第
2項）。

②　専門業務型裁量労働制による旨の就業規則または労働協約
　の定めがあること

　労基法の条文には明記されていませんが、専門業務型裁量労
働制を導入するためには、就業規則または労働協約の定めがあ
ることが必要と解釈されています（白石哲「労働関係訴訟の実
務」98ページ・商事法務）。

4．企画業務型裁量労働制とは？

（1）対象業務・対象労働者が限定されていること

　企画業務型裁量労働制の対象業務は、「事業運営に関する事項
についての企画、立案、調査及び分析の業務」であって、「業務
の性質上その遂行の方法を大幅に労働者の裁量にゆだねる必要が
あり」「当該業務の遂行の手段及び時間配分の決定等に関し使用
者が具体的な指示をしないこととする業務」と定められています
（労基法38条の4第1項1号）。

124

| 3-6 | みなし労働時間制②（裁量労働制）

そして、この制度を適用できる労働者（対象労働者）は、このような対象業務を適切に遂行するための知識・経験等を有する労働者に限られています（労基法38条の４第１項２号）。

とはいえ、以上の文言だけでは抽象的で分かりづらいため、対象業務や対象労働者の具体的な範囲について、厚生労働省の指針で示されています[3]。

（2）導入のための手続き

①　労働者の個別同意が必要

この制度の適用には、対象労働者の個別同意が必要です。個別同意がなければ、労働時間の「みなし」の効果は発生しないと考えられます（水町勇一郎「労働法第６版」273ページ・有斐閣）。

②　労使委員会の設置

この制度を導入するためには、「労使委員会」を設けることが必要とされます。

労使委員会の委員の半分は、過半数代表者（または過半数労働組合）の指名を得ている者であることが必要です。労使委員会の運営に関しては規程を制定し、議事については議事録の作成・保存、労働者への周知を行うことが定められています。

③　労使委員会の決議と届け出

労使委員会では、５分の４以上の多数決で、以下（**参考３**）の事項を決議しなければなりません（同条１項１号〜７号）。

労使委員会の決議は、所轄の労働基準監督署長に届け出ることが必要です。

④　企画業務型裁量労働制による旨の就業規則または労働協約の定めがあること

第3章 残業代についてのよくある誤解

参考3

1号　対象業務

2号　対象労働者の範囲

3号　1日のみなし労働時間

4号　健康福祉確保措置

5号　苦情処理措置

6号　労働者の同意を要すること、不同意労働者への不利益取扱の禁止

7号　労使決議の有効期間、健康福祉確保措置、苦情処理措置に関する記録を有効期間満了後3年間保存すること

　労基法の条文には明記されていませんが、企画業務型裁量労働制を導入するためには、就業規則または労働協約の定めがあることが必要と解釈されています（白石哲「労働関係訴訟の実務」104ページ・商事法務）。

5．まとめ

　裁量労働制は、人件費を一定に抑えたい使用者にとっては、メリットの大きい制度です。

　しかし、それは一歩間違えば、労働者にとって「際限なく長時間労働を強制され、残業代は支払われない」という悪夢のような制度になる危険性があります。

　このため、裁量労働制は「専門業務型」と「企画業務型」のいずれについても、対象業務が限定されています。また、導入のための手続きもそれなりに厳格に定められています。

　使用者から「裁量労働制だから残業代は発生しない」などと説明されても、鵜呑みにすべきではありません。専門家の目から一

| 3-6 | みなし労働時間制②(裁量労働制)

つひとつ要件をチェックしてゆくと、要件を満たしていない（したがって、実際の労働時間に基づいて計算した残業代を請求できる）というケースは少なくないからです。

（1）平成6年1月4日基発第1号
（2）京都地裁平成23.10.31・エーディーディー事件
（3）平成11.12.27労告149号、平成15.10.22厚労告353号

- 裁量労働制とは、「みなし労働時間」制の1つ。
- 裁量労働制には、「専門業務型」と「企画業務型」の2種類がある。
- 裁量労働制は、長時間労働の温床となるおそれのある制度である。
- 裁量労働制の対象業務は限定されている。
- 裁量労働制を導入するための手続きは厳格に定められている。
- 「裁量労働制だから残業代は発生しない」と言われても、鵜呑みにしない。

第3章 残業代についてのよくある誤解

コラム 「サービス残業」

　所定時間外労働（残業）に対して、支払われるべき本来の賃金（残業代）が支払われないケースを、皆さんは何と呼ぶでしょうか？

　厚生労働省の統計では、「（賃金）不払い残業」という言葉が使われています。

　ところが、世間では一般に、「不払い残業」よりも、「サービス残業」という言葉のほうが広く使われているのではないでしょうか。「サビ残」という略語もあるようです。

　しかし、労働者に残業をさせておきながら、それに見合った残業代（賃金）を支払わないことは、れっきとした「違法行為」です。労働者に「ただ働き」をさせる悪質な行為について、「サービス」という穏やかな表現を使うのは、適切ではないと思います。

　ところで、アメリカなど英語圏では、経営者が労働者に対して、法律で定められた時間外手当や最低賃金を支払わないことを指す言葉として、「Wage Theft」という言葉があるそうです。文字通り訳せば「賃金泥棒」です。

　そのような経営者は、労働者の財布に賃金（wage）として入るべきだったお金を、自分の財布に入れているので、やっていることは労働者の財布からお金を盗む（theft）ことと同じだ、という強い非難の意味が込められているのでしょう。

　「たかが言葉、されど言葉」です。同じ内容でも、どう表現するかによって、受け手に与える印象は大きく異なることが分かりますね。

第4章
残業代の請求方法について知ろう！

第4章 残業代の請求方法について知ろう！

4-1 「残業代」はいつまで請求できるの？ 〜残業代請求の時効〜

相談者Hさんの場合
会社を辞めてから時間が経ってしまいましたが、残業代は請求できますか？

（2018年4月15日の相談にて）

初めまして。今日は、退職した会社に残業代を請求したいというご相談ですね。
さっそくですが、入社時期と、退職日を教えていただけますか？

5年ほど前に入社して、昨年末に退職しました。

在職期間中、残業はずっと？

はい。入社当時から、毎日夜遅くまで残業してました。
残業代は一度ももらったことはありません。

ところで、給料日は毎月何日でしたか？

毎月、15日締めの25日払いでした。

じゃあ、2016年4月25日に発生した残業代の「時効」を止めるために、今月の25日までに、「催告」をしないといけませんね。

130

| 4-1 | 「残業代」はいつまで請求できるの？〜残業代請求の時効〜

「ジコウ」って何ですか？

 残業代を請求できる権利って、本来の支払日から時間が経つと、「消えて」しまうんですよ。
ただ、「消える」って言っても、「時間とともに少しずつ減ってゆく」のとは違うんですよ。2年経ったら、シャボン玉みたいに、突然「パチン！」と消えてしまうイメージです。要するに、このまま何もしないままで今月25日を過ぎると、1か月分の残業代が消えるので、損をしてしまうんです。

先生、それはイヤです！　何とかなりませんか？

 時効で権利が消えるのを確実に防ぐ方法は、「裁判」を起こすことです。

でも、25日まであと10日しかありませんよ？
間に合いますかね……？

 たしかに、ちょっと時間的に厳しいかもしれませんね。裁判を起こすには、いろいろ書類も書かないといけないですし。
でも大丈夫！「必殺技」があります。**「催告」をすればOK**です！

「サイコク」って何ですか？　「催促（サイソク）」なら分かりますけど。

第4章 残業代の請求方法について知ろう！

「民法」という法律に「催告」と書いてあるのでそう呼ぶんですけど、平たく言えば、「催促（サイソク）」と同じような意味ですね。「早く私に残業代を支払え！」って、会社に対してサイソクすることだ、と考えてもらえば良いです。

これなら、簡単な書類を会社に1通送るだけですから、それほど準備に時間はかかりませんよ。

「催告」をすると、どうなるんですか？

権利が「時効」で消えるのを、防ぐことができます!!!

なんだ、じゃあ安心ですね！

ただし、この催告の効力が持つのは、「6か月間」の期間限定です。

期間限定なんですか？

要するに、催告によって権利の消滅をストップできる期間は6か月間だけなので、その6か月の間に、「裁判」など、正式に時効を止めるための手続きをとる必要があります。

なるほど。「催告」で「とりあえず」時効を止めておいて、そのあとしっかり時間をかけて、裁判などの準備をすればよい、ということなんですね。

| 4-1 |　「残業代」はいつまで請求できるの？〜残業代請求の時効〜

そのとおりです。

あれ？　それなら、6か月おきに「サイコク」を繰り返せば、ずーっと裁判を起こさないでよいのではないですか？

それはダメです。
催告が使えるのは、「1回だけ」なんです。

「必殺技」は、何度も使えないんですね。残念。

1回使えれば十分ですよ。
ではさっそく、詳しく解説していきます。

133

第4章 残業代の請求方法について知ろう！

1．残業代の「時効」

残業代を請求する権利は、**本来の支払日から2年間を経過すると、「時効」によって消滅します**（労基法115条）。

たとえば、「毎月15日締めの25日払い」の会社であれば、「2016年3月16日から4月15日までの残業」に対する残業代は、本来、2016年4月25日に支払われるべきものです。

ところが、その日に残業代が支給されず、そのまま2年間が過ぎてしまうと、「残業代を請求する権利」は、時効によって消滅してしまいます（**図表1**）。

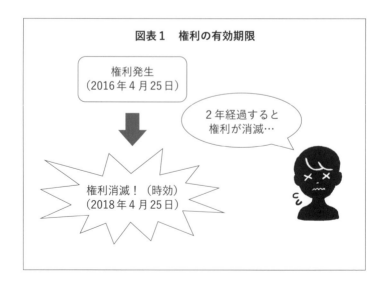

図表1　権利の有効期限

権利発生
（2016年4月25日）

2年経過すると
権利が消滅…

権利消滅！（時効）
（2018年4月25日）

| 4-1 | 「残業代」はいつまで請求できるの？〜残業代請求の時効〜

2.「催告」をして権利が消えることを防ごう

「時効」によって権利が消えることを防ぐ（「時効を中断する」といいます）ためには、「裁判を起こす」など、権利を行使するための裁判所の手続をとる必要があります（民法147条1号、149条）。「労働審判の申立て」でも構いません。

もっとも、裁判所に提出する書類の作成など、裁判のための準備にはそれなりに時間がかかってしまうのが通常です。裁判の準備を進めているうちに時効の期間が過ぎてしまった……ということでは困ります。

そこで、民法では、相手方に対して直接、「○○を支払え」という意思表示をしておくことによって、とりあえず時効を止めることができると定められているのです。

この、「○○を支払え」と相手方（残業代の場合は会社）に直接求めることを、法律用語で「催告（さいこく）」と言います。

3.「催告」は期間限定、しかも1回きりしか使えない

ただし、この「催告」による効力は、6か月間しかありません。つまり、「催告」をしてから6か月以内に裁判や労働審判の申立てなどの手続をとらなければならないのです（民法153条）。

また、「催告」は1回きりしか使えません。6か月おきに催告を繰り返せば良さそうなものですが、そのような方法は認められていません。

第4章 残業代の請求方法について知ろう！

4．具体例

　たとえば、「毎月15日締めの25日払い」の会社であれば、「2016年3月16日から4月15日までの残業」に対する残業代の本来の支払日は、2016年4月25日です。

　この分の残業代を請求する権利は、何もしないまま2018年4月25日が過ぎてしまうと、時効によって消えてしまいます。

　それを防ぐためには、2018年4月25日までに「催告」を行なってとりあえず時効を止めておき、**催告から6か月以内に、裁判や労働審判を起こせば良いわけです。**

5．「催告」の方法〜「内容証明郵便」で行う〜

　法律上は、「催告」の方法について特に決まりはありません。

　口頭で「残業代払ってください！」と言うだけでも、本来は構わないのです。しかし、口頭だけだと、後になって、会社側と「言った」「言わない」といった争いが起きることにもなりかねません。

　そのような無用の争いを避けるため、特別な事情がない限り、**催告は書面（図表2）で行うべきです。**

　中でも**一番安心なのは、「配達証明付き」の「内容証明郵便」を送るという方法**です。これは、「いつ、誰が、誰に対して、どのような内容の書面を送った（受け取った）か」ということを、郵便局が証明してくれるという便利なサービスです。

　配達証明付き内容証明郵便で催告をしておけば、「いつ、残業代の支払いを催告したか」ということが明確になります。

| 4-1 | 「残業代」はいつまで請求できるの？～残業代請求の時効～

図表2　催告書の文例

未払賃金支払請求書（例）

○○株式会社

代表取締役　○○○○　様

前略

　私は○年○月から○年○月○日まで貴社の労働者として就労していましたが^(＊1)、残業代などの未払いの賃金が、少なくとも○万円^(＊2)はあると考えます。

　よって、貴社に対して、未払いの賃金の全額を、○年○月○日までに^(＊3)支払うよう、請求いたします^(＊4)。

　　　　　　　　　　　　　　　　　　　　　　　　　　草々

＊1　退職した労働者が送付する文面です。在職中の場合は、「就労しています」と書きます。

＊2　過去2年分の残業代の未払い額を書きます。計算はおおざっぱで構いません。

＊3　通常は、2週間後くらいあとの日付を、期限とするのがよいでしょう。期限までに支払いや回答がなければ、次のアクションに移らなければなりません。

＊4　曖昧な表現ではなく、はっきりと「請求します」と書きましょう。

6．できるだけ早く専門家に相談を！

　ここまでの解説でお分かりいただけたと思いますが、過去に発生していた「**残業代**」は、基本的に、**さかのぼって2年分しか請求できません**。

　つまり、在職期間が長い方の場合、毎月1か月分ずつ、残業代が時効によって消滅してしまっている可能性が高いのです。

第4章 残業代の請求方法について知ろう！

　残業代は、長時間、あるいは休日や深夜に就労したことの対価**として、労働者が請求できる正当な報酬です。**にもかかわらず、「アクションを起こすのが遅かった」「相談をするかどうかをためらっているうちに時間が過ぎてしまった」というだけで、請求できなくなってしまうというのは、非常にもったいないことです。

　残業代請求を考えているのであれば、一日も早く、専門家（弁護士）に相談することをおすすめします。

7.「残業代を請求するのは仕事を辞めた後でいいや」と 考えている方へ

　仮に、退職後に残業代を請求する（在職中は請求しない）と考えている方の場合であっても、「専門家（弁護士）への相談」だけは、退職前の早い時期からしておく方が良いでしょう。

　「弁護士」といっても、人によって「得意分野」と「不得意分野」があります。したがって、「残業代請求」を依頼すると決めているなら、できるだけそれを得意としており、信頼できる弁護士に依頼すべきです。退職後に弁護士を探し始めても、信頼できる弁護士にすぐに巡り会えるとは限りませんから、弁護士探しに時間がかかっているうちに、「時効」で損をしてしまうリスクが高くなります。

　一方、依頼を受ける弁護士の側からしても、余裕をもったスケジュールで、じっくりと時間をかけて準備を進めておけるほうがありがたいものです。つまり、退職前から弁護士に依頼しておくことで、退職後はすみやかに催告や裁判（または労働審判）をしてもらうことができますから、「時効」のために必要以上の損をしないで済むことになるのです。

138

| 4-1 | 「残業代」はいつまで請求できるの？〜残業代請求の時効〜

- 残業代請求の時効は2年。本来の支払日から2年が経つと、権利が消滅する。
- 残業代の時効を止めるためには、とりあえず会社に直接「支払え」と求めること（催告）をしたうえで、催告から6か月以内に裁判などを起こす必要がある。
- 「時効」で損をしないためにも、できるだけ早く弁護士に相談を！
- 「仕事を辞めた後に請求しよう」と考えている場合でも、弁護士への相談・依頼は退職前にしておこう！

第4章 残業代の請求方法について知ろう！

4-2 「証拠」を集めよう！

相談者Ｉさんの場合
残業の証拠となるものについて教えてください。

うちの会社ではタイムカードがありませんが、残業代を請求できるでしょうか？

実労働時間を証明する証拠は、「タイムカード」だけではありません。
何か証拠になるものがないか、あきらめずに探してみましょう。

具体的に、どんなものがあれば証拠になりますか？

日々の業務内容を会社に報告するため、「業務日報」などを作成していませんでしたか？
業務日報に出勤時刻や退勤時刻などを記載している場合もありますし、記載された業務内容から、どのくらい残業していたかを推定できる場合もあります。
他にも、パソコンのログイン・ログアウト時刻の記録なども、証拠になりますね。

業務日報に毎日出退勤時刻を記載して会社に提出していましたが、私の手元にはコピーなどはありません。

140

請求はあきらめないといけませんか？

タイムカードも同じですが、裁判を起こして、「会社は、これこれの証拠を持っているはずだから、提出してもらいたい」と要求すれば、裁判官も会社側に提出をうながすのが通常です。
今、あなたの手元に証拠がないとしても、請求をあきらめる必要はまったくありません。

 そうなんですね！
ではさっそく会社で探してみたいと思います。

頑張ってください。

 あ、あともうひとつ、その証拠以外にも必要となる書類などはありますか？

給与明細や雇用契約書などがあるといいですね。
では、詳しく見ていきましょう。

第4章 残業代の請求方法について知ろう！

1．なぜ「証拠」が必要なのか？

　残業代は、実際にあなたが働いた時間、つまり実労働時間に応じて発生します（第1章参照）。

　こちらが主張する実労働時間を、使用者がそのまま認めてくれれば良いのですが、実際には、労働者側の主張する実労働時間と、使用者側の主張する実労働時間が食い違うという場合がよくあります。

労働者　「私は、毎日午後9時まで残業していたんです！毎日クタクタだったんです！」

使用者　「いやいや、あなたは午後5時になったら毎日きっかり仕事を終えて会社を出てたでしょ！」

　このような場合、話し合い（交渉）で妥協点を見いだして解決できれば良いのですが、話し合いで解決できなければ、最終的には裁判を起こすなどして、裁判官にどちらの言い分が正しいのか、判断してもらわなければなりません。

裁判官　「ふーん……どっちの言い分もそれなりに正しそうに聞こえる……はて、どうしたものか？（+_+)」

| 4-2 | 「証拠」を集めよう！

　裁判官は、あくまで「証拠」に基づいて判断をします。したが
って、**実労働時間を証明するための「証拠」を出せるかどうか、
で結論は大きく変わってくることになる**のです。

２．何が証拠になるの？

（１）タイムカード

●タイムカードの証拠価値は高い

　実労働時間を証明する証拠として最も有力なものは、やはり
「タイムカード」です。

　タイムカードは毎日機械的に紙に打刻されるものですから、通
常、あとから書き換えたりすることはできません。

　したがって、裁判所でも、タイムカードの証拠としての価値は
高く評価されているところです。

　裁判例でも、特別な事情がない限り、タイムカードの打刻記録
は出勤・退勤の時刻と推認することができる、と判断されていま
す（例：大阪地裁平成11.5.31など）。

●手元にタイムカードのコピーなどがなくても大丈夫

　最近は、筆者のもとにご相談に来られる方の中にも、ご自身の
タイムカードのコピーや、**スマートフォンで撮影したタイムカー
ドの写真**を持って来られる方が増えました。

　でも、もし今、あなたの手元にそのようなコピーや写真がなく
ても、残業代請求をあきらめる必要はありません。

　というのは、使用者はタイムカードを「賃金その他労働関係に
関する重要な書類」として、３年間保存しなければならないと定め
られているため（労基法109条、平成13.4.6基発339号）、**使用者側
からタイムカードを提出させることが可能なことが多い**からです。

143

第4章 残業代の請求方法について知ろう！

●タイムカードに加え、就労実態の記録があれば「鬼に金棒」

　ところで、タイムカードが打刻されているケースでも、使用者が「確かにタイムカードの打刻のとおりに労働者が出勤・退勤したことは事実だが、この労働者は終業時刻後も社内に私用で残っていただけで、労働をしていたわけではない」と主張してくるケースがあります。

　そういったケースでは、使用者は「この労働者は、会社に残ってインターネットサーフィンをしていた」「同僚と雑談していた」「プライベートな用件の時刻まで、社内で時間を潰していただけ」など、いろいろなことを主張してきます。

　使用者がそのような主張をしてくれば、労働者側としては、当然、反論をしていかなければなりません。たとえば、「上司から○○の仕事を翌日までに仕上げるよう命じられたので残業していた」とか「日中は事務所外で作業が続いたため、書類作成業務を夜にする必要があった」などといった反論です。

　したがって、**タイムカードを毎日打刻している方であっても、日々、どのような理由で残業をしていたのか、できるだけ記録を残しておくこと**をおすすめします。

　タイムカードに加えて、そういった就労実態の記録まであれば、まさに「鬼に金棒」です。

（2）タイムカード以外の証拠

　タイムカードが設置されていない職場であっても、タイムカード以外の証拠によって**実労働時間を立証できれば、残業代を請求することができます。**

　実際に裁判では次のような資料が証拠として利用されています（**図表3**）。

144

| 4-2 | 「証拠」を集めよう！

図表3　タイムカード以外に証拠となり得るもの

【事務的な仕事の場合】

・業務日報・週報

・電子メールの送受信記録

・パソコンのログイン・ログオフの記録

【飲食店・販売業などの場合】

・シフト表

・店舗の開店／閉店時刻を示す書類

・警備会社のセキュリティ記録（裁判所から警備会社に照会
　をして、回答を得られる場合が多いです。）

【タクシーやトラックの運転手の場合】

・タコグラフ（運転記録計）

・運行日報

※あくまで一例です。

（3）まったく客観的な証拠がない場合は？

　以上で挙げたような証拠が全くない場合でも、「労働者自身が
手帳に付けていたメモ」や、「家族とのSNSでのやりとり」など
も証拠になる可能性はあります。

　ただし、裁判所では、そういった証拠は、タイムカードなどと
は異なり、「内容は正確なのか」「後から書き換えられている可能
性はないか」などの点が厳しく吟味されることになります。

　客観的な証拠が乏しいケースでは、どこまで裁判で戦える見込
みがあるのか、残業代の事件に精通した専門家（弁護士）に相談
することをおすすめします。

第4章 残業代の請求方法について知ろう！

３．実労働時間に関する「証拠」以外に、請求にあたって用意しておくべきもの

　残業代の請求にあたっては、タイムカードなど、「労働時間に関する証拠」以外にも、いくつか用意しておきたいものがあります。

　たとえば月給制の場合、未払い残業代を正確に計算するためには、「基本給（月給）の額」と「月平均所定労働時間」、それに「支給済みの残業代の額」を把握することが必要になります。

　したがって、弁護士などに相談する際や、自分で未払い残業代額を計算したい場合には、次のような書類を手元に用意しておくと、役に立ちます。

・給与明細書
　→基本給や諸手当の金額、支払い済みの残業代の金額などが分かる。

・雇用契約書、労働条件通知書、求人票や求人広告、就業規則、賃金規程
　→基本給や諸手当の金額、１日の所定労働時間（所定の始業時刻・終業時刻・休憩時間）、年間所定労働日数（年間の所定休日）などが分かる。

　もっとも、現実には以上のような書類がすべて揃っているケースよりも、揃っていないケースの方が多いくらいです。というのは、「雇用契約書」や「労働条件通知書」は法律上、使用者に作成義務がありますが（労基法15条）、実際には作成されていないというケースもたくさんあります。

　また、ハローワークを利用せずに（たとえば知人の紹介などで）

146

就職した場合には求人票なども手元にないことが多いでしょうし、就業規則・賃金規程は、小規模な事業所であれば、そもそも法律上、作成義務がありません。

したがって、これらの書類は、「手元にあれば役に立つ」くらいのものと考えてください。**書類が揃っていなくても、請求をあきらめる必要は全くありません。**

- 残業代の請求ができるかどうかは、「証拠」の有無で大きく異なる。
- 手元にタイムカード（のコピーや写真）がなくても、残業代は請求できる。
- タイムカード（のコピーや写真）に加え、「就労実態の記録」があれば鬼に金棒。
- タイムカードがない職場でも、実労働時間を証明できる資料はいろいろある。

第4章 残業代の請求方法について知ろう！

4-3 「裁判」と「労働審判」はどっちがおトク？

相談者Jさんの場合
残業代を請求する場合、どのような方法があるのでしょうか？

残業代請求をする場合、どんな方法があるのでしょうか？

残業代を請求する方法としては、一般的に、
①**自分で請求する**
②**労働組合に加入して請求する**
③**弁護士に依頼して請求する**といった方法があります。

なるほど。
では、それぞれのメリットや特徴を教えてください。

---

①**自分で請求する**場合の最大のメリットは、「費用がかからない」ことです。一方、会社との交渉をすべて自分でしなければなりませんから、それなりに労力がかかります。
また、残業代の計算を自分でしなければならないので、計算方法を正確に理解しておかないと、本来よりも少ない金額しか受け取れないという危険性があります。

| 4-3 | 「裁判」と「労働審判」はどっちがおトク？

② **労働組合に加入して請求する**場合には、単に過去の残業代の未払い分を請求するだけではなく、職場環境の改善など、「将来にわたって働きやすい職場を作る」ためにさまざまな要求をしやすいのが最大のメリットです。

したがって、どちらかといえば、今後も同じ会社で長く働きたいという方に向いた方法だと思います。

なお、労働組合に加入して未払い残業代を請求した場合でも、交渉で解決できない場合には、弁護士に依頼するなどして裁判や労働審判を起こすことが必要になります。

③ **弁護士に依頼して請求する**方法は、弁護士費用はかかりますが、会社との交渉は、すべて弁護士にしてもらうことができます。残業代の計算を自分でやって間違えるという心配もありません。

そして、最大のメリットは、「話し合いで解決できない場合でも、すみやかに裁判や労働審判に方針を切り替えることができる」という点です。

弁護士の場合には、初めから「裁判や労働審判を起こす可能性」を念頭に置いて交渉をしているので、交渉が決裂した場合でも、スムーズに次のステップに進むことができます。

 いろいろな方法があるのですね。

では、詳しく見ていきましょう。

149

第4章 残業代の請求方法について知ろう！

1．弁護士への相談

　弁護士に相談するには、弁護士の所属する「法律事務所」で相談する方法と、各地の弁護士会などが実施している「法律相談」で相談を受ける方法などがあります。

(1) 法律事務所での相談

　弁護士は、必ずどこかの「法律事務所」に所属しています。法律事務所で弁護士への相談をしたいときは、通常、事前に電話などで予約をとることが必要になります（最近は、ホームページから予約を受け付けている事務所も増えてきました）。

　ひと口に「医者」と言っても内科医や外科医、皮膚科医や眼科医があるのと同じように、弁護士も、取り扱い分野は人によってさまざまです。残業代請求などの労働問題については、「そもそも全く取り扱っていない」という弁護士もいますし、「労働問題は、使用者側でしか取り扱わない」という弁護士もいます。したがって、**法律事務所での法律相談を予約されるときは、残業代請求の事件を労働者側で取り扱っているかどうか**、予約時に確認をしておいたほうが良いでしょう。

　法律相談では、事件の見通しなどについて、説明を受けることができます。正式に依頼する場合にどのくらいの費用がかかるのか、といった点についても説明を受けておきましょう。

　なお、通常、**弁護士に法律相談をすると、30分あたり5,000円**

| 4-3 | 「裁判」と「労働審判」はどっちがおトク？

（税別）**程度の相談料が必要になることが多い**のですが、相談料の額は事務所によって異なりますので、これも予約時に確認しておきましょう。

（2）弁護士会などでの相談

弁護士に相談する方法としては、弁護士会などが実施している法律相談を利用するという方法もあります。労働問題に特化した法律相談を実施している弁護士会もあります。

ただし、（1）の法律事務所での相談とは異なり、実施される曜日や時間帯が決まっていますので、注意が必要です。

２．弁護士への委任

法律相談を受けて、「この弁護士にお願いしよう」という弁護士にめぐり会えたら、依頼をすることになります。

弁護士は、依頼者から事件の依頼を受ける場合、「委任契約書」を作成することになっています。委任契約書には、弁護士費用の計算方法など大切なことが書かれていますので、内容をよく読んで、手元で大切に保管しておきましょう。

３．請求から解決まで（示談で解決する場合）

筆者が依頼者から委任を受けて残業代を請求する場合の標準的な流れは**図表４**のようになっています。なお、個別のケースでは、これと異なる流れになることもあります。また、弁護士によってもそれぞれの考え方がありますので、絶対的なものではないとお考えください。

151

第4章 残業代の請求方法について知ろう！

図表4　解決までの流れ

STEP 1　**内容証明郵便の発送（催告）（第4章－1参照）**

弁護士名義の請求書（内容証明郵便）で、会社に対して残業代を請求します。

請求とあわせて、タイムカードの開示などを求める場合もあります。「○月○日までに支払え」とか「2週間以内に回答せよ」のように、支払いや回答の期限を設定することが多いと思います。

STEP 2　**会社からの回答**

通常、設定した支払（回答）期限までに、会社から何らかの回答があります。

この段階で会社側に代理人（弁護士）が就任し、弁護士から回答がある場合もあります。

なお、回答期限を過ぎても会社側から全く回答がない場合には、訴訟の提起や労働審判の申し立てなどに進みます。

STEP 3　**会社との交渉**

会社側と、金額や支払い条件（支払時期・支払回数）などについて、交渉を行います。

STEP 4　**示談の成立**

交渉の結果、金額や支払い条件で折り合いが付けば、合意した内容を書類（「示談書」「合意書」「和解書」など）にまとめ、双方で署名押印して示談成立です。その後、定められた内容にしたがって全額の支払いを受ければ、無事に解決となります。

| 4-3 | 「裁判」と「労働審判」はどっちがおトク？

4．労働審判・訴訟

　会社に請求書を送っても全く回答がない場合や、交渉によって解決できなかった場合には、裁判所の手続きである「労働審判」や「訴訟」を利用することが通常です。

（1）労働審判って何？

　労働審判とは、解雇や賃金不払いなど、労働者（個人）と使用者との間に生じた紛争を、原則として3回以内の期日で、迅速、適正かつ実効的に解決することを目的として設けられた制度です。

　労働審判手続では、裁判官（労働審判官）1名と、労働関係に関する専門的な知識経験を有する労働審判員2名（1名は労働組合出身、もう1名は経営者出身）とで組織する「労働審判委員会」が労働者側・使用者側双方から事情を聞き、提出された証拠を吟味するなどして、紛争の解決を目指します。

　この手続きでは、基本的に、合意による紛争解決（調停）を目指しますが、どうしても調停がまとまらない場合、労働審判委員会は、事案の実情に応じた解決をするための判断（労働審判）をすることになります。

　労働審判に対しては労働者、使用者いずれからも「異議申立て」をすることができます。そして、異議申立てが行われた場合、裁判（訴訟）に移行します（**図表5**）。

（2）訴訟って何？

　訴訟とは、裁判を起こした人（原告といいます）と、裁判を起こされた（訴えられた）人（被告といいます）との間で、法的な権利・義務があるか否かを裁判官が判断する手続のことです。

153

第4章 残業代の請求方法について知ろう！

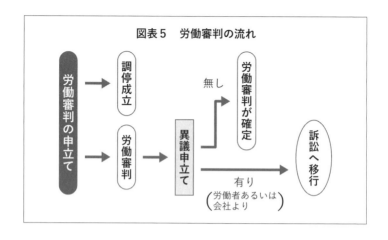

図表5　労働審判の流れ

　残業代請求の場合、通常、労働者が「原告」となり、使用者が「被告」となります。

　訴訟では、原告と被告の双方が、それぞれの主張を「訴状」「答弁書」「準備書面」などの書類にまとめるなどして裁判所に提出し、また、必要な証拠を提出して、攻防を尽くします。また、事件に関する内容を知っていると思われる人を証人尋問したり、原告・被告（会社の場合は代表者）本人を法廷で尋問することもあります。

　こういった手続きを経て、最終的に裁判官が「判決」を言い渡しします。

　日本の場合は三審制といって、一審（通常は地方裁判所）の判決に不服があれば「控訴」ができ、控訴審（通常は高等裁判所）の判断を仰ぐことができます。さらに、控訴審の判決に不服があれば、「上告」ができ、最高裁判所の判断を仰ぐこともできます。

　このように書くと、いかにも「裁判って長く時間がかかるんだな」と思われそうですが、実際はそうでもありません。というの

154

| 4-3 | 「裁判」と「労働審判」はどっちがおトク？

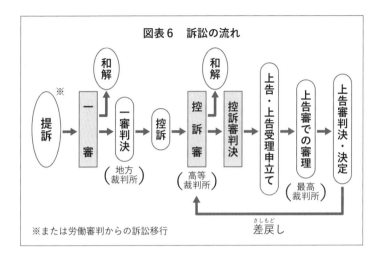

は、訴訟の審理の途中で、当事者間で事件の解決について折り合いがついて、「和解」が成立することが非常に多いからです。残業代請求の訴訟は、一審の段階で和解により訴訟が終了する、というケースが非常に多いと思います。一審では和解できなかったケースでも、控訴審で和解が成立する、というケースも多くあります（**図表6**）。

(3) 労働審判と民事訴訟のどちらを選ぶか？

法律上、残業代を請求する手続きとしては、労働審判と訴訟のどちらを選んでも構わないことになっています。労働者側の自由です。

労働審判と訴訟は、それぞれにメリット・デメリットがありますので、どちらを選ぶかは、事案の内容、会社側の態度、依頼者の生活状況など、さまざまな要素を考慮して、弁護士と依頼者が相談して決定することになります。

第4章 残業代の請求方法について知ろう！

【民事訴訟】

・民事訴訟のメリット

　①労働審判と異なり、裁判所で開かれる『期日』には弁護士だけが代理人として出席すれば足りますので、依頼者本人は、原則として期日に**出席する必要がありません**（ただし原告本人尋問の期日は出席が必要です）。

　②残業代請求で民事訴訟を利用すると、本来の未払い額のほかに、「付加金」の支払を受けられる可能性があります。付加金とは、労基法を守らなかった雇い主（使用者）に対して、ペナルティ（制裁）として支払いが命じられる金銭のことです（労基法114条）。

・民事訴訟のデメリット

　労働審判と異なり、期日の回数に制限がないため、**解決までに要する期間が比較的長くなることが多い**です。

【労働審判】

・労働審判のメリット

　労働審判は、原則として「期日は最大３回まで」と決められており、訴訟に比べて**短期間での解決が期待できる**メリットがあるとされています。

・労働審判のデメリット

　①期日に出席する必要がある

　労働審判の期日は、平日（月～金曜日）の日中に開かれます。訴訟とは異なり、当事者本人の出席が必要とされますので、仕事などの都合をつけて**出席する必要があります**。

　期日には会社側の関係者も出席しますので、「会社関係者とはできるだけ顔を合わせたくない」という方にとっても、不向

156

| 4-3 | 「裁判」と「労働審判」はどっちがおトク？

きな手続きです。

②当事者からの異議などにより、訴訟に移行する場合がある

　労働審判の場合、当事者間で解決内容について合意（調停）が成立すれば、労働審判手続は終了しますが、調停が成立しない場合、労働審判委員会が「労働審判」を出すことになります。双方が「労働審判」を受け入れればそれで終了ですが、双方には「異議申立て」の権利が認められており、**どちらかが異議申立てをすれば、訴訟に移行する仕組みになっています。**

　また、事件の内容があまりにも複雑であるなど、労働審判委員会が「この事件は労働審判手続きにはなじまない」と判断した場合には、審判委員会は「労働審判」をしないで手続を終了させることができます（労働審判法24条。いわゆる「24条終了」）。この場合も、訴訟手続に移行する仕組みになっています。

　このように、せっかく労働審判の手続きを申し立てても、異議申立てや24条終了によって訴訟手続に移行してしまうと、最初から訴訟を起こしていた場合に比べて、手続きが「二度手間」になってしまいます。

③付加金の支払を受けられる可能性がない

　労働審判手続においても、付加金の支払いを「求める」ことはできます。

　しかし、付加金は労働基準法で、「判決により支払を命じられる」ものとされているため、**労働審判において付加金の支払いが命じられることはありません。**

157

第4章 残業代の請求方法について知ろう！

4-4 労基署ってどうなの？

相談者Kさんの場合
残業代の不払いは、労働基準監督署という役所に申告できると聞いたのですが……。

最近、「労働基準監督署」という名前をニュースで聞くことが増えましたが、どんな役所なのですか？

「労働基準監督署（労基署）」は、厚生労働省の機関で、全国に300署以上があります。36協定や就業規則などの届出の受付け、労災の補償業務、企業が倒産した時の未払い賃金の立替払い制度に関する事務など、「労働」に関するさまざまな業務を行っています。

労働基準監督署では、「労働基準監督官」という人たちが働いていると聞きましたが、どんな仕事をしているのですか？

現在、労基署の業務の多くを担っているのが「労働基準監督官」と呼ばれる公務員です。労働基準監督官は、「労働基準法」や「最低賃金法」などの法律を使用者に守らせるため、実際に事業所に行って労基法違反がないかを調べ、違反があると判断すれば是正するよう指導します。また、指導しても違反が改善されない場合などには、警察官と同じように「労基法違反の

犯罪」として捜査を行い、刑事事件として検察庁に送致するという強力な権限を持っています。

 残業代の不払いを相談したら、力になってくれますか？

残業代の不払いは、労基法に違反する「犯罪」です。
労働者には、労基法違反を労基署に申告する権利があります。犯罪の被害を受けた人が、警察署に被害届を出したり告訴をするのと同じようなことと考えていただいてもよいでしょう。
労働者からの申告をもとに労働基準監督官が調査を行い、使用者に指導を行った結果、未払い残業代が支払われたというケースは多くあります。

 労基署への申告で、注意すべきことはなんですか？

たとえば、犯罪の被害を受けた人の場合、警察に被害
届を出しても、当然に被害弁償を受けられるわけではありません（加害者が罪を認め、任意に被害弁償の申し出をしてくればよいのですが、そうでなければ、被害者側から損害賠償請求の裁判などを行なう必要があります）。それと同じで、労基署に申告したからといって、当然に過去の未払い残業代が支払われるとは限らないことに注意が必要です。
特に、残業代の未払いが既に長期間にわたっているケースでは、消滅時効（2年）を中断させるため、労基署への申告とは別に、雇い主への請求（催告）や裁判などの措置をとる必要があります。

第4章 残業代の請求方法について知ろう！

１．労働基準監督署とは

　労働基準監督署（労基署）は、厚生労働省の労働基準行政を第一線で担う国の機関で、全国に321署が設置されています（2017年4月現在）。

　労基署は、①労働基準法などの労働関係法令に関する各種届出の受付や相談対応、監督指導、②機械や設備の設置に係る届出の審査や、職場の安全や健康の確保に関する技術的な指導、③仕事中のケガや病気に関する労災保険の申請の受付や給付、などの業務を行っています。

２．労働基準監督官の権限は大きい

　労基署で実務の多くを担っているのは、「労働基準監督官」と呼ばれる公務員です。

　労働基準監督官は「労働Ｇメン」などとも呼ばれ、あらゆる職場に立ち入って労基法や労働安全衛生法といった法令への違反がないかを調べ（労基法101条）、違法があると判断すれば是正するよう指導します（是正勧告）。

　さらに、労働基準監督官は、使用者の違法行為が、労基法違反などの犯罪にあたると考える場合には、「特別司法警察員」として、犯罪捜査を行う権限を有しています（労基法102条）。特に悪質な事案については、労働基準監督官が裁判官の許可を得た上で、

| 4-4 | 労基署ってどうなの？

使用者を逮捕することさえあります。労働基準監督官は、いわば「働く人々を守る警察官」としての役割も果たしているのです。

3. 労基署への「申告」

労働者は、職場で労基法違反があると考えた場合、労基署に「申告」をすることができます（労基法104条1項）。使用者は、仮に労働者による「申告」を知ったとしても、それを理由にその労働者を解雇するなど、不利益な取り扱いをすることは禁じられています（労基法104条2項）。

この「申告」がきっかけとなって職場の違法状態が労働基準監督署の知るところとなり、是正勧告などにつながることもあります。

4. 残業代不払いを労基署に申告するとどうなるか？

残業代の不払いは、労基法に違反する行為であり、懲役刑または罰金刑を科せられる可能性のある犯罪行為です（労基法119条1号）。

したがって、労基署に残業代の不払いを申告すれば、労基署が動いて、使用者に是正勧告が行われ、使用者がそれに従って残業代を支払ってくる可能性はあります。また、使用者側が処罰を免れるため、あわてて残業代を払ってくる可能性もあるでしょう。

しかし、特に中小企業の中には、残念ながら労基署の是正勧告を無視するような会社もないわけではありません。また、仮に使用者が残業代不払いで処罰されたとしても、それはあくまで「刑罰が科される」というだけのことであって、使用者から残業代が支払われる保証はありません。

161

第4章 残業代の請求方法について知ろう！

そうすると、会社が労基署の是正勧告を無視すれば、結局、労働者は自ら裁判などをしなければならなくなります。

5．労基署への申告では時効は中断しない！

なお、注意をしなければならないのは、長期間にわたって残業代の不払いがあるケースです。

残業代の消滅時効（2年）は、労基署への申告では、中断しません。

使用者に対しては、内容証明郵便で残業代の支払いを請求（催告）するなど、「時効を中断させる」ための措置を確実にとっておくことが必要です（第4章-1参照）。

- 労基署は全国に300か所以上ある身近な機関。
- 労働基準監督官は「働く人たちを守る警察官」。
- 残業代の不払いは労基法違反であり、労基署への申告が可能。ただし過大な期待は禁物。
- 労基署への申告では消滅時効（2年）は中断しないので要注意。

コラム 残業代請求の時効が５年になる？？？

　残業代など「賃金」を請求する権利の消滅時効は、現在、労基法115条で「２年」と定められています（ただし退職手当は除く。）。でも、将来は、たとえば「５年」など、もっと長い期間に延びるかもしれません。

　これは、2017年に「民法」という法律が改正されたことと関係しています。

◆改正前の民法と労基法115条の関係

　もともと、改正前の民法は、一般的な債権の消滅時効を10年と定めつつ、特定の種類の債権については、特例としてそれより短い消滅時効を定めていました。例として、「弁護士が依頼者に報酬を請求する権利」は２年、「医師が患者に診療に関する報酬を請求する権利」は３年、といった具合です。

　その中で、「月またはこれより短い時期によって定めた使用人の給料にかかる債権」、つまり、従業員が雇い主に対して月給・週給・日給を請求する権利については、消滅時効は１年と定められていました（改正前民法174条１号）。

　しかし、労働者にとって重要な権利の消滅時効が「１年」では短すぎるため、労基法115条でそれより長い「２年」と定めることによって、労働者の保護を図っていたのです。

◆奇妙な「逆転現象」

　2017年の民法改正では、「債権の種類ごとに時効がバラバラだと分かりづらい」ということから、債権の種類を問わず、原則として「債権者が権利を行使することができることを知った時から５年」が経過すれば消滅時効が完成するものと統一されました（改正民法166条１項。施行は2020年４月１日から。）。そして、賃金債権の消滅時効について「１年」と定めて

第4章 残業代の請求方法について知ろう!

いた規定も削除されました。

　この結果、「労働者保護を図る」という点からいえば、労基法115条は必要がなくなりました。それどころか、労基法115条は、賃金債権について、民法の一般的な消滅時効（5年）よりも短い時効（2年）を定める規定ということになりますので、「労働者にとって不利な内容を定めた条文」ということになってしまいました。労基法は労働者保護のための法律なのに、これでは本末転倒ではありませんか!!

　というわけで、2017年12月から、厚生労働省の検討会で、「労基法115条をどうするのか」についての議論がスタートしたというわけです。

◆労基法115条をどうするかは大きな問題

　現在は、労基法115条がありますので、長年にわたって残業代が不払いだったことが判明したとしても、企業は2年前までさかのぼって支払いをすれば良いということになっています。ところが、仮に労基法115条が削除され、賃金債権の時効が「5年」に伸びれば、企業は5年前までさかのぼって未払い分を支払わなければならなくなります。このためもあって、企業経営者の中では、「企業側の負担が増える」として、賃金債権の時効を延ばすことに反対する意見も強いようです。

　一方、労働者にとっては、仮に労基法115条が削除されれば、これまで2年前までしかさかのぼって請求できなかった未払い残業代が、5年前までさかのぼれるということになるわけですから、とても喜ばしいことです。

　このため、労基法115条をどうするのか、は労働者と経営者の双方に、非常に大きな影響を及ぼす問題なのです。今後の議論に、ぜひ注目していただきたいと思います。

第5章
これは労働時間になりますか？

第5章 これは労働時間になりますか？

5-1 これは「労働時間」にあたる？ あたらない？

相談者Lさんの場合
「労働時間」にあたるかどうかはどのように判断されるのですか？

うちの会社の就業規則では午前9時が始業時刻と定められているのですが、毎朝午前8時50分から、従業員全員で『体操』をし、午前8時55分からは『朝礼』をしています。
体操と朝礼に参加している10分間は無給なのですが、それは仕方ないのでしょうか？

体操や朝礼への参加が『任意』であることが徹底されておらず、事実上の強制となっているのであれば、『労働時間』に該当し、その分の賃金を請求できる可能性が高いでしょう。

雇用契約書に「体操と朝礼の時間は給与支払いの対象としない」と明記されていても、請求できるのですか？

雇用契約書や就業規則の記載は、関係がありません。
「労働時間」に該当するかどうかは、「労働者が使用者の指揮命令下に置かれている」と言えるかどうかによって、客観的に判断されるからです。

| 5-1 | これは「労働時間」にあたる？ あたらない？

相談者Mさんの場合
始業前・終業後の「着替え」の時間は労働時間にあたりますか？

コンビニエンスストアの店員として勤務しています。毎朝、出勤して、スタッフの控え室で制服に着替えてから作業を始めるのですが、店長からは「タイムカードは、制服に着替えた後に打刻するように」と言われています。退勤時も、タイムカードを打刻してから私服に着替えています。この「着替え」に要する時間は、労働時間とは認められないのでしょうか？

Mさんのお仕事は「コンビニエンスストアでの接客・販売」ですから、厳密に言えば、「着替え」そのものは「仕事」ではありません。しかし、コンビニの店員は勤務時間中、必ず指定された制服を着用して仕事をしなければなりませんよね。それに、「自宅から制服を着たまま出勤する」ということも許されていないでしょう？

 従業員向けのマニュアルには、「着替えは必ず店内のスタッフルームで行いましょう」って書いてあります。

Mさんは毎朝、必ず出勤後にお店で制服に着替えるように使用者から義務づけられているわけですし、その着替えは仕事を行う上で不可欠の準備行為なのですから、「着替え」に要した時間は労働時間にあたると考えられます。

167

第5章 これは労働時間になりますか？

1．労基法上の労働時間とは

労基法上の労働時間（実労働時間）≠所定労働時間

　労基法は、「労働時間」の上限を1日8時間・週40時間と定め（32条）、実際の「労働時間」がそれを超えた場合には割増賃金の支払いを使用者に義務づけています。深夜・休日労働についても同様で、労働者が実際に深夜に労働した場合や、法定休日とされる日に実際に労働した場合に、その時間に応じた金額の割増賃金が発生します（37条）。

　したがって、**残業代（割増賃金）を計算するためには、労働者が現実に労働していた時間を確定させることが必要になります。**この「労働者が現実に労働していた時間」のことを「実労働時間」と呼びますが、労基法の規制の対象となるのは実労働時間ですので、実労働時間のことを「労基法上の労働時間」と呼ぶこともあります。これは、労働契約で定められた労働時間（所定労働時間）とは違いますので、注意してください（「所定労働時間」の意味については第2章－1を参照してください）。

　以下、本章では特に断わりのない限り、「労基法上の労働時間（実労働時間）」のことを「労働時間」と呼びます。

○**裁判所の考え方**

　「労働時間」の意味について、最高裁判所は次のように述べています（三菱重工業長崎造船所（一次訴訟・会社側上告）事件・

| 5-1 | これは「労働時間」にあたる？ あたらない？

最高裁平成12.3.9判決・民集54巻3号801頁）。

> 「労働基準法32条の労働時間（以下「労働基準法上の労働時間」という。）とは、**①労働者が使用者の指揮命令下に置かれている時間**をいい、…**②労働時間に該当するか否かは、労働者の行為が使用者の指揮命令下に置かれたものと評価することができるか否かにより客観的に定まる**ものであって、労働契約、就業規則、労働協約等の定めのいかんにより決定されるべきものではないと解するのが相当である。」
> （注：①と②の番号は、引用にあたって筆者が付したものです。）

つまり、最高裁判所は、次の2つのことを述べています。説明の便宜上、②、①の順番に説明します。

> ①労働時間とは、「労働者が使用者の指揮命令下に置かれている」時間のことである。
> ②労働時間かどうかは、客観的に定まる。

2．労働時間かどうかは、客観的に判断される

労働時間かどうかが「客観的に定まる」とは、簡単に言えば「**当事者（労働者・使用者）が勝手に『これは労働時間でない（ということにしましょう）』と合意しても、ダメですよ**」ということです。

客観的に見て（要するに裁判所の目から見て）「労働者が使用者の指揮命令下に置かれている」と判断されるのであれば、誰が何と言おうと、それは「労働時間」なのです。

169

第5章 これは労働時間になりますか？

> **労働者**「体操と朝礼は強制参加だったのに、その時間分は、1円も給料もらってません！」

> **社長**「フッフッフ……裁判官殿、雇用契約書とわが社の就業規則を見てください！ ここに、『体操と朝礼は労働時間とは扱わない』って書いてあります！ 雇用契約書には、労働者のサインもありますよ！（ニヤリ）」

> **裁判官**「社長さん、残念！ 雇用契約書や就業規則に書いても、ぜんぜん意味ないよ！ 労働時間にあたるかどうかは、客観的に判断されるんだからね！ 体操と朝礼って、強制参加だったみたいだし、労働者は使用者の指揮命令下に置かれていたってことで、『労働時間』に認定します！」

3.「労働者が使用者の指揮命令下に置かれている」とは？

「労働者が使用者の指揮命令下に置かれている」かどうかについて、裁判例では、おおよそ次の2つの要素が考慮されています。

（1）使用者による指示（義務づけ）があったか

労働者が、使用者から「○○をせよ」と明確に指示されて何らかの行為を行った場合には、特別な事情がない限り、その行為に従事した時間は、「労働時間」に該当すると言って良いでしょう。

使用者が明確に「指示」した場合でなくても、従業員が仕事をしていることを知りながら使用者がそれをやめさせなかった（黙

170

認していた）という場合には、使用者による指示があったのと同様に評価できます。

たとえば、上司が、部下の残業する様子を見ていながら、残業をさせないための措置（仕事の期限を延ばして、帰宅を命じるなど）を取らずに放置していたようなケースです。

ちなみに、法律の世界では、そういったケースについて、「黙示の指示があった」という言い方をします。はっきりと口に出して指示した（明示の指示）わけではないけれども、評価としてはそれと同じ、というわけです。

（2）業務との関連性

業務そのものに従事していなくても、「業務を行うために必要不可欠な行為」に要した時間や、業務との関連性が強い行為に要した時間であれば、「労働時間」と評価される可能性が高くなります。

例として、出勤後に必ず職場内の更衣室で制服に着替えてから実際の仕事を始めることになっているという場合には、「着替え」それ自体は「業務」とは言えないものの、「業務に不可欠な準備行為」と言えますので、着替えに要した時間は労働時間にあたると考えられます。

逆に、内容的にみて業務との関連性が低い場合には、（1）で述べた使用者による指示（義務づけ）の有無・程度によって、労働時間にあたるかどうかが判断されます。

たとえば、「社内運動会への参加」に要した時間は、業務（職務）との関連性が低いため、参加が任意なのであれば、「労働時間」とは言いづらいと思われます。しかし、「必ず参加するよう命令された」とか、「参加しなかった場合に不利益がある」などの事

第5章 これは労働時間になりますか？

情があれば、「労働時間」にあたる可能性が出てきます。

4．着替えなどの準備にかかる時間の扱い

　「制服」や「作業服」に着替える行為は、「業務」そのものではありません。しかし、業務を行うためには不可欠の準備行為といえます。業務を行うにあたって、制服・作業服を着用することが義務づけられ、しかも、**その着脱（着替え）を事業所内で行うことが義務づけられている場合には、「着替え」に要した時間は、労働時間にあたります。**

　裁判例では、作業服・安全用具等の着脱に要した時間（三菱重工長崎造船所事件・最高裁平成12.3.9）、制服の着用と始業前の点呼に要した時間（東急電鉄事件・東京地裁平成14.2.28）などが労働時間と認められています。

| 5-1 | これは「労働時間」にあたる? あたらない?

- 作業服・制服への着替え、作業靴への履き替えなどは、厳密には「仕事」そのものではないが、事業所内で行うことが使用者から義務づけられている場合には、それに要した時間は「使用者の指揮命令下に置かれている」ことになり、「労働時間」にあたる。

- 「事業所内で行うことが使用者から義務づけられている」かどうかは、使用者の作成した業務マニュアル、従業員に対する日ごろの周知、教育指導・注意などの内容によって判断される。

- 残業代の対象となるのは「労基法上の労働時間」(実労働時間)である。

- 労基法上の労働時間にあたるかどうかは、客観的に判断される。

- 労基法上の労働時間とは、「労働者が使用者の指揮命令下に置かれている時間」(判例)である。

- 「使用者の指揮命令下に置かれている」かどうかは、(ア)使用者による指示(義務づけ)の有無・程度と、(イ)業務との関連性を総合的に考慮して判断される。

第5章 これは労働時間になりますか？

5-2 手待ち時間

 相談者Nさんの場合
「休憩時間」だけど休めないんです!!

 うちの会社では、就業規則上は、午後0時から午後1時までが「昼休み」とされているのですが、実際には「昼休み」中も、掛かってくる電話に備えて交代で職場に待機しなければならないことになっています。
私も、当番日の「昼休み」には自席でお弁当を食べながら、電話があれば対応しているのですが、これは「休憩時間」ですか？　それとも「労働時間」ですか？

電話があれば直ちに対応するように義務づけられているのであれば、「休憩時間」ではありません。
それは「手待ち時間」、つまり「労働時間」にあたります。
本来の「休憩時間」とは、「労働者が権利として労働から離れることを保障されている時間」のことをいいます。これに対して、具体的な仕事に従事していなくても、使用者からの指示があれば直ちに作業に従事しなければならない時間（手待ち時間）は、「労働から離れることが保障されている」とはいえないため、労働時間にあたります。

1.「休憩時間」とは？

労基法では、使用者は、1日の実労働時間が6時間を超える場合においては少なくとも45分、8時間を超える場合においては、少なくとも1時間の休憩時間を労働時間の途中に与えなければなりません（労基法34条1項）。

そして、使用者は、「休憩時間」を自由に利用させなければならないものとされています（労基法34条3項※）。

※児童自立支援施設や障害児入所施設に勤務する職員で児童と起居をともにする者など、一部の労働者については、例外的に適用が除外されます（労基則33条1項）。

このように、「休憩時間」は、労働者が権利として労働から離れることを保障されている時間をいいます。雇用契約書などで、形式的に「○時から○時までは休憩時間」などと記載されたとしても、実態として労働者が労働から離れる権利が保障されていなければ、それは「休憩時間」とはいえず、「労働時間」にあたります。

2.「手待ち時間」とは？

飲食店のコックやアパレルショップの店員など、勤務時間中であっても、「具体的には何もしていない」という時間がある職業は多くあります。「あとはお客さんが来るのを待つだけ」という

第5章 これは労働時間になりますか?

時間です。

　この時間は「何もしていない」ように見えますが、コックは客が来れば直ちに注文された料理を作らなければなりませんし、アパレルショップの店員は接客を始めなければなりません。客を待っている時間は、いわば「スタンバイしている時間」です。

　このように、使用者の指示や業務の必要性が生じれば直ちに具体的な作業に従事しなければならない時間のことを、「手待ち時間」と呼びます。**「手待ち時間」**は**「使用者の指揮命令下に置かれている時間」**ですから、**「労働時間」**にあたります。

3.「休憩時間」と「手待ち時間」の区別は?

　以上のように、「休憩時間」は労働時間にあたらず、「手待ち時間」は労働時間にあたるのですが、どちらも「実際の作業に従事していない時間である」という点では同じです。このため、裁判でも「どちらにあたるのか」が争われるケースがあります。

　この点は、使用者側が「休憩時間中も電話当番をせよ」とか「来客があればただちに対応すること」などと明示的に指示しているケースであれば「手待ち時間」であることは比較的明らかです。

　一方、そういった明示の指示がないケースについては、業務の内容や具体的な就労の実態などから、問題となっている時間中に、労働者が労務からの解放が保障されていたのか否か、が判断されることになります。

　「労務からの解放」というとやや堅苦しい表現ですが、平たく言えば、「本当に休憩できていたのかどうか」ということです。

176

| 5-2 | 手待ち時間

- 使用者は、1日の労働時間が6時間を超える場合には45分以上、8時間を超える場合には1時間以上の「休憩時間」を、労働者に与えなければならない。
- 使用者は、労働者に「休憩時間」を自由に利用させなければならない。形式的に「休憩時間」とされていても、実態として労働者が労働から離れる権利が保障されていなければ、「休憩時間」ではなく「労働時間」にあたる。
- 具体的な作業をしていなくても、使用者の指示や業務の必要性が生じればただちに具体的な作業に従事しなければならない状態で待機している時間のことを、「手待ち時間」と呼ぶ。
- 「手待ち時間」は「使用者の指揮命令下に置かれている時間」なので、「労働時間」にあたる。
- 手待ち時間と休憩時間の区別に注意が必要。

第5章 これは労働時間になりますか？

5-3 仮眠時間

相談者Oさんの場合
「仮眠時間」は休憩時間？ それとも労働時間？

ビルの警備員として働いています。
午前1時から午前5時までは仮眠室で仮眠を取ることになっているのですが、「仮眠時間」中も、警報が鳴ればすぐに起きて対応するように指示されています。
会社は、「仮眠時間」は「労働時間」にはあたらないというのですが、それが正しいのでしょうか？

まず、現実に警報に対応して実際に何らかの業務に従事した時間（実作業時間）は、「労働時間」に該当することに間違いありません。

業務に従事していなかった時間はどうですか？

現実に作業に従事していなかった時間（不活動仮眠時間）についても、「労働からの完全な解放が保障されていなかった」場合には、「労働時間」に該当します。

「労働からの完全な解放が保障されていた」かどうかは、具体的にはどのように判断されるのですか？

178

その判断基準として、
① 仮眠時間中、警報などがあれば直ちに対応するよう義務づけられていた場合（明示的に指示されていた場合のほか、黙示的に指示されていた場合も含みます。）には、原則として、不活動仮眠時間も「労働時間」であると判断されます。
② ただし、そのような義務づけがあったとしても、実作業に従事する必要が生じる機会が現実には「皆無に等しい」と言えるほど少なかったという場合などは、例外的に「労働時間」ではないと判断される場合があります。

 なるほど。では、警報が鳴ったらすぐに対応しなければならない私の場合①に該当しますかね。

その可能性は高いですよ。
では、詳しく見ていきましょう。

第5章 これは労働時間になりますか？

1．仮眠時間とは

　警備員や看護師など、宿直を伴う業務には、「仮眠時間」が設定されていることが多くあります。

　「仮眠時間」のうち、労働者が実際に何らかの業務に従事した時間が「労働時間」に該当することは言うまでもありません。

　たとえば、仮眠時間中、警備員が警報に対応して現場に直行したり、関係先に連絡を入れるなどした時間は、実際に業務に従事したわけですから、もちろん「労働時間」です。

　問題は、仮眠時間中、何らの作業にも従事していなかった時間（不活動仮眠時間）です。単に仮眠していただけなのだから、「労働時間」にあたるはずがない？　いえいえ、決してそんなことはないのです。

2．不活動仮眠時間を「労働時間にあたる」と判断した最高裁判決

　「仮眠事件」が労働時間にあたるか否かについて最高裁判所が初めて判断を示したのが、大星ビル管理事件の最高裁判決（最高裁平成14.2.28）です。

　この事件は、ビル管理会社の技術員が残業代を請求した事件ですが、技術員の「仮眠時間」のうち、実際の作業に従事していなかった時間（不活動仮眠時間）が労働時間に該当するのか否かが

争われました。

最高裁は、一般論として「**不活動仮眠時間において、労働者が実作業に従事していないというだけでは、使用者の指揮命令下から離脱しているということはできず、当該時間に労働者が労働から離れることを保障されていて初めて、労働者が使用者の指揮命令下に置かれていないものと評価することができる。したがって、不活動仮眠時間であっても労働からの解放が保障されていない場合には労基法上の労働時間に当たる**というべきである。**そして、当該時間において労働契約上の役務の提供が義務付けられていると評価される場合には、労働からの解放が保障されているとはいえず、労働者は使用者の指揮命令下に置かれているというのが相当である。**」と述べました。つまり、「労働からの解放が保障されている」かどうかがポイントだ、というわけです。

その上で、その事件については、①技術員らは、仮眠時間中、労働契約に基づく義務として、仮眠室における待機と警報や電話等に対して直ちに相当の対応をすることを義務付けられていた、②実作業への従事がその必要が生じた場合に限られるとしても、その必要が生じることが皆無に等しいなど実質的に上記のような義務付けがされていないと認めることができるような事情もなかった、として、「**本件仮眠時間は全体として労働からの解放が保障されているとはいえず、労働契約上の役務の提供が義務付けられていると評価することができる。したがって、上告人（注：技術員）らは、本件仮眠時間中は不活動仮眠時間も含めて被上告人（注：会社）の指揮命令下に置かれているものであり、本件仮眠時間は労基法上の労働時間に当たる**というべきである。」と述べたのです。

第5章 これは労働時間になりますか？

3. 一人で勤務している場合

最高裁判所の考え方によれば、警備員などの中でも、一人だけで勤務しているケースについては、不活動仮眠時間も「労働からの解放が保障されているとはいえない」ケースが多いのではないかと思われます。

一人だけで勤務している場合には、警報が鳴った場合には、仮眠中でも必ず自分自身が起きて対応しなければならないからです。

4. 複数人で勤務している場合

一方、「複数人で勤務し、交代で仮眠をとるとされている場合」については、ケース・バイ・ケースで判断されることが想定されます。

複数人で交代して仮眠をとりながら勤務するケースでは、たとえ警報が鳴っても、起きている人だけで対応できる（仮眠しているほうの従業員は、対応しなくてよい）ようにも思われますが、警報の頻度などによっては、起きている人だけでは対応しきれない場合も想定されるからです。

このため、具体的な事実関係によって結論は異なるということになります。実際、不活動仮眠時間を労働時間にあたらないと判断した裁判例（東京高裁平成17.7.20、仙台高裁平成25.2.13）がある一方、不活動仮眠時間も労働時間にあたると判断した裁判例（東京高裁平成23.8.2、千葉地裁平成29.5.17）もあります。

「仮眠時間」とひと口に言っても、職場によって実態はさまざまですので、「労働からの解放が保障されている」といえるかどうかを、慎重に見極める必要があるでしょう。

182

| 5-3 | 仮眠時間

- 「仮眠時間」のうち実作業に従事していなかった時間（不活動時間）も、「労働からの解放が保障されていた」といえなければ、「労働時間」にあたる。

- 「労働からの解放が保障されていた」かどうかは、①仮眠時間中、警報などがあれば直ちに対応するよう指示されていたか、②実作業に従事する機会が「皆無に等しい」などの事情があったか、によって判断される。

- 複数人で交代して仮眠をとるとされているケースでも、職場の実態によっては、不活動時間を含めた仮眠時間全体が「労働時間」にあたると判断される場合がある。

第5章 これは労働時間になりますか?

コラム 「働き方改革」と「残業代ゼロ」

　2015年4月に、政府は「労働基準法等の一部を改正する法律案」を国会に提出しました。この法律案には、「労基法は労働者の生命と健康を守るための法律である」という観点から見て、問題のある内容が2つ含まれていました。

　1つめは、「高度プロフェッショナル制度」という新たな制度を創設するという内容です。これは、「職務の範囲が明確で高度な職業能力を有する」「年収が一定額以上」などの要件を満たす労働者について、労基法で定められた労働時間や休憩時間に関する規制を及ぼさず、使用者はそのような労働者には、時間外労働・休日労働・深夜労働の割増賃金も支払わなくてもよいこととするものです。

　2つめは、裁量労働制(本文第3章-6)について、制度を適用できる対象業務の範囲を、これまでより大幅に広げるという内容です。本文でも述べたように、裁量労働制が適用されると、実際の労働時間にかかわらず、あらかじめ定められた労働時間だけ働いたものとみなされますから、実際の労働時間が「みなし」の時間より長い場合には、残業代が支払われない労働(ただ働き)の時間が多くなるという問題があります。その意味で、裁量労働制の適用範囲を安易に拡大するのは、「サービス残業(不払い残業)の合法化」につながるおそれが強いのです。

　2015年4月に提出された法律案は、審議されることのないまま、2017年9月に衆議院が解放されたことに伴って廃案になりました。多くの労働組合や、過労死した労働者の遺族などが「労働者はそのような制度の導入を望んでいない」

「残業代を支払いたくない経営者にとってのみ、都合の良い改正ではないか」「長時間労働への歯止めがなくなり、過労死を促進する」などと、強く反対したためです。

　ところが、2018年1月22日に始まった通常国会で、安倍晋三首相は「働き方改革」の一環として、再び「高度プロフェッショナル制度の新設」と「裁量労働制の対象業務の拡大」を実現する方針を打ち出しました。

　その後、「裁量労働制で働く人と一般労働者とでは、実際にはどちらのほうが労働時間が長いのか」という点をめぐって、首相の国会答弁のもととなった厚生労働省の「データ」が不適切なものだったことが明らかとなり、首相は2月28日、「働き方改革」から、「裁量労働制の対象業務の拡大」を削除する方針を表明しました。

　しかし、政府は、「高度プロフェッショナル制度の新設」については依然として実現を目指す方針を崩していません。

　政府には、働く人々の意見に耳を傾けて、本当に働く人々のためになる制度や法律の実現に全力を挙げて欲しいと強く思います。

さいごに

さいごに

今日で、うちの事務所での修習は最終日だね。

先生、ありがとうございました。
すごく勉強になりました。

たくさんの相談を一緒に聞いてもらったけど、何か感じたことはあった？

何よりも驚いたのは、世の中に、こんなに多く「未払い残業」が蔓延していることです。中小企業から大企業まで、あらゆる業種で……。「残業させたら残業代を支払う」って、法律で決められた当たり前のことのはずなのに、それが守られていないなんて、おかしいと思いました。

これだけ「コンプライアンス（法令遵守）」ということが言われているのに、本当におかしいね。残業代請求の訴訟や労働審判の期日にも一緒に行ってもらったけれど、そちらはどうだったかな？

「裁判所の手続」と言っても、弁護士に依頼すれば、意外に依頼者にとっての負担は少ないんだなと思いました。これなら、退職して別の会社で働いていても、

十分、労働審判や裁判をできますね。

「弁護士に依頼する」とか「裁判所の手続を利用する」というと、すごく大変なことをするイメージを持っている人もいるようだけど、こと残業代請求に関しては、「弁護士に依頼してみたら、思ったより簡単に解決できた」という人が多いかもしれないね。
ところで、佐藤さんは修習が終わったら、弁護士になるの？　それとも裁判官志望？

もともと裁判官志望だったんですけど、働く人たちの相談を聞いているうちに、弁護士志望に変わりました。私、働く人たちがきちんと権利を行使できるように、弁護士として、そのサポートをしたいと思います。

嬉しいことを言ってくれるじゃないか……（涙）。

先生、そろそろ事務所を出る時間ですよ！

おっと、もうそんな時間か。

佐藤さん、今日の歓送会は、私の一押しの美味しいお店を予約してあるからね！

充子さん、ありがとうございます！　楽しみにしてました！

じゃあ、行こうか！

参考文献

西谷敏「人権としてのディーセント・ワーク―働きがいのある人間らしい仕事」旬報社、2011年

西谷敏「労働法　第2版」日本評論社、2013年

水町勇一郎「労働法〔第6版〕」有斐閣、2016年

荒木尚志「労働法〔第3版〕」有斐閣、2016年

森戸英幸「プレップ労働法〔第5版〕」弘文堂、2016年

石田眞・浅倉むつ子・上西充子「大学生のためのアルバイト・就活トラブルＱ＆Ａ」旬報社、2017年

土田道夫・山川隆一編「ジュリスト増刊　労働法の争点」有斐閣、2014年

菅野和夫・山川隆一・齊藤友嘉・定塚誠・男澤聡子「労働審判制度〔第2版〕―基本趣旨と法令解説」弘文堂、2007年

白石哲　編著「裁判実務シリーズ1　労働関係訴訟の実務」商事法務、2012年

山口幸雄・三代川三千代・難波孝一　編「労働事件審理ノート〔第3版〕」判例タイムズ社、2011年

佐々木宗啓・清水響・吉田徹・伊藤由紀子・遠藤東路・湯川克彦編著「類型別　労働関係訴訟の実務」青林書院、2017年

旬報法律事務所編「未払い残業代請求　法律実務マニュアル」学陽書房、2014年

小川英郎「労働法実務解説2　賃金」旬報社、2016年

石嵜信憲「割増賃金の基本と実務」中央経済社、2017年

渡辺輝人「ワタミの初任給はなぜ日銀より高いのか？―ナベテル弁護士が教える残業代のカラクリ」旬報社、2015年

日本労働弁護団「働く人のための労働時間マニュアル　Ver.2」日本労働弁護団、2015年

佐藤広一「図解でやさしくわかる！給与計算事務　最強ガイド」アニモ出版、2016年

久保社会保険労務士法人監修「総務の仕事　これで安心　ミスなく進める！給与計算の実務」同文舘出版、2012年

全国社会保険労務士会連合会編「労働基準法の実務相談〔平成29年度〕」中央経済社、2017年

原論「労基署は見ている。」2017年、日本経済新聞出版社

【論文】

浅倉むつ子（早稲田大学）「なんのための労働時間短縮なのか」（世界　2017年11月号所収）、岩波書店

上西充子（法政大学）「職業安定法改正による求人トラブル対策と今後の課題―法改正に至る経緯を踏まえて―」（季刊・労働者の権利　通算324号、2018年1月号　所収）

友弘克幸（ともひろ・かつゆき）

1979（昭和54）年生まれ。京都大学法学部卒業。2004年弁護士登録（大阪弁護士会）。2013年髙橋裕也弁護士とともに西宮原法律事務所を設立。大阪労働者弁護団・日本労働弁護団に所属。解雇事件・残業代請求など、労働者側に立って裁判や労働審判を手がけている。著書に『活用しよう労働委員会―理論と実践Q&A 働く人たち、労働組合にこの一冊』、『活用しよう「改正」労働契約法 第2版』（ともに共著・刊行：大阪労働者弁護団）がある。

ホームページ　http://zangyodai-bengoshi.com

よくわかる未払い残業代請求のキホン

平成30年3月30日　初版発行

著　者　友弘　克幸
発行人　藤澤　直明
発行所　労働調査会
　　　　〒170-0004 東京都豊島区北大塚2-4-5
　　　　TEL 03-3915-6401（代表）
　　　　FAX 03-3918-8618
　　　　http://www.chosakai.co.jp/
　　　　©Katsuyuki Tomohiro
　　　　ISBN978-4-86319-609-4 C2032

落丁・乱丁はお取り替え致します。
本書の一部あるいは全部を無断で複写複製（コピー）することは、著作権法上での例外を除き、禁じられています。